海老蔵を見る、歌舞伎を見る

中川右介

毎日新聞出版

海老蔵を見る、歌舞伎を見る

はじめに

二〇一七年七月三日、東京・東銀座の歌舞伎座で、「七月大歌舞伎」の幕が開いた。

市川海老蔵が歌舞伎座で初めて座頭となった大歌舞伎公演である。そのことは、しかし、そんなには話題になっていなかった。「座頭・市川海老蔵」と銘打たれているわけでもないので、分かる人にしか分からない。何よりもこの月の話題は、海老蔵が六月二十二日に妻を失くしたばかりだということ、その悲しみのなかで、長男・堀越勸玄《かんげん》も舞台に出て父子で宙乗りをすることだった。

私はめったに初日には行かないのだが、海老蔵の歌舞伎座での初の座頭だし、この月は、勸玄も出るので、夜の部は初日のチケットを買っていた。

演目は『駄右衛門花御所異聞《だえもんはなのごしょいぶん》』。宝暦十一年（一七六一年）に初演の『秋葉権現廻船語《あきばごんげんかいせんばなし》』を原作にした新作である。

勸玄の登場は二幕目の最後。「白狐」の役だ。白い狐をイメージさせる衣装で花道に登場しただけで、場内はわれんばかりの拍手。舞台の手前、「七三」と呼ばれるところで立ち止まり「勸玄白狐御前に」と見得を切るのだが、そのセリフが拍手で聞こえない。その後、舞台までトコトコと歩き、いくつかのやりとりがあって、海老蔵扮する秋葉大権現に抱きかかえられての宙乗りとなるや、場内、すさまじい拍手となった。歌舞伎座が新しくなって五年目だが、こんな大きな拍手は初めてだった。

この日は歌舞伎座に着いたときから報道陣の多さが目についたが、終演後も出てくる客に、まるで選挙の投票所の「出口調査」のように、「どうでしたか」と質問を浴びせていた。こんな光景は二〇一三年四月の再開場の初日以来だった。

歌舞伎座が建て替えられて新開場したのは二〇一三年四月。十二代目市川團十郎《だんじゅうろう》が亡くなったのはその直前の二月のことだった。

以後、海老蔵は父という後ろ楯のないなか、一門を率いて歌舞伎界で孤軍奮闘していた。それは一種の貴種流離譚《きしゅりゅうりたん》に見えた。

御曹司のなかの御曹司、ザ・プリンス・オブ・カブキでありながらも、歌舞伎座に出ることが少なく、全国各地を自主公演でまわり、一座の仲間を少しずつ増やし、歌舞伎座に凱旋する日を待つ――そんな物語が読み取れたのだ。二〇一七年七月は、そのとりあえずの凱旋だったさて、現在の歌舞伎には二種類ある。

「海老蔵の出る歌舞伎」と「海老蔵の出ない歌舞伎」である。

どちらがいいとか悪いとかではない。海老蔵が出るからといってすべてが面白いわけでもないし、海老蔵の出ない歌舞伎でも面白いものはたくさんある。その上で、やはりふたつは異質だと思うのだ。

本書の前半、第一部では「海老蔵の出る歌舞伎」について、二〇一三年の歌舞伎座新開場から二〇一七年秋までを、時間の流れに沿って書いていく。

後半の第二部では、海老蔵と同世代の役者たちを中心に、ひとりの役者ごと、あるいは家ごとに書いていく。

司馬遷の『史記』にならえば、第一部は「本紀《ほんぎ》」のひとつ、「海老蔵本紀」で、第二部は「世家《せいか》」と「列伝」のようなものだ。

なお、この本が扱うのは二〇一三年の歌舞伎座新開場前後から現在（二〇一七年十二月）までだが、歌舞伎にはそれ以前の歴史がある。四百年前の出雲の阿国にまで遡る必要はないが、明治以降の大まかな歴史は分かっていたほうが、理解しやすい。そこで、明治以降の歌舞伎座を中心とした歴史の概略を書き、参考資料として、巻末に置いた。二〇一三年以前について知りたい方は、先にお読みいただきたい。

これまでの私の歌舞伎の本は、過去の歴史を物語として書いたものだが、この本もまた歌舞伎の現代史をドキュメントとして記すものであり、劇評でも評論でもない。

歌舞伎の見方はさまざまである。古典となっている台本を事前に勉強し、過去の名優たちの「型」も学んだ上で、いまの役者がどう演じているのかを見る学問的アプローチもあれば、何の予備知識も持たずに見て、演劇としてひとつのドラマを味わう見方もあれば、贔屓の役者にうっとりする時間を過ごす楽しみ方もある。他にもいろいろな見方があるはずで、人それぞれが自分の楽しみ方で見ればいいと思う。

学問的アプローチをしたい方にはこの本はほとんど役に立たないだろうが、役者たちが何を背負っているか、どういう背景でいま舞台に立っているのかを知りたい方には、その片鱗が分かってもらえると思う。

第二部

歌舞伎を見る
——春秋戦国役者列伝

付録

本書に登場する主要な歌舞伎役者の出勤表

は歌舞伎座、は歌舞伎公演ではないもの
テレビ、映画出演などは含まれない／数日のみの公演は省略した
「巡業」は「松竹大歌舞伎」の巡業

年	2013年											
月	1月	2月	3月	4月	5月	6月	7月	8月	9月	10月	11月	12月
海老蔵（1977～）	浅草		ル・テアトル銀座		南座	歌舞伎座		ABKAI（コクーン）	歌舞伎座	古典への誘い		歌舞伎座
菊之助（1977～）	国立劇場		新橋演舞場	歌舞伎座	歌舞伎座	歌舞伎座	歌舞伎座		歌舞伎座	歌舞伎座	巡業	歌舞伎座
染五郎（1973～）		日生劇場	新橋演舞場	歌舞伎座	明治座		歌舞伎座		歌舞伎座	国立劇場		歌舞伎座
松緑（1975～）	国立劇場		新橋演舞場	歌舞伎座		歌舞伎座	歌舞伎座		歌舞伎座	歌舞伎座	歌舞伎座	南座
勘九郎（1981～）		博多座	赤坂	歌舞伎座	明治座	歌舞伎座		歌舞伎座	歌舞伎座		新橋演舞場	
七之助（1983～）	新橋演舞場	博多座	赤坂	歌舞伎座	明治座	歌舞伎座		歌舞伎座	歌舞伎座		歌舞伎座	歌舞伎座
愛之助（1972～）	浅草	大阪松竹座		金丸座	明治座	歌舞伎座	歌舞伎座	ABKAI	歌舞伎座	大阪松竹座	永楽館	南座
猿之助（1975～）	大阪松竹座		御園座	金丸座	明治座	博多座	巡業		ヴェニスの商人	ヴェニスの商人		南座
獅童（1972～）			赤坂	歌舞伎座						新橋演舞場	明治座	歌舞伎座
玉三郎		パリ		歌舞伎座	歌舞伎座		赤坂（アマテラス）		博多座（アマテラス）	南座（アマテラス）	金丸座	歌舞伎座

年	2014年											
月	1月	2月	3月	4月	5月	6月	7月	8月	9月	10月	11月	12月
海老蔵（1977～）	新橋演舞場			源氏物語（南座）	歌舞伎座	ABKAI	歌舞伎座	ABKAI（新橋演舞場）	南座	ジャパンシアター	古典への誘い	歌舞伎座
菊之助（1977～）	国立劇場	歌舞伎座	南座		歌舞伎座	歌舞伎座	大阪松竹座			御園座	歌舞伎座	国立劇場
染五郎（1973～）	歌舞伎座	歌舞伎座		金丸座	明治座	博多座			歌舞伎座	国立劇場	歌舞伎座	
松緑（1975～）	国立劇場	歌舞伎座	南座		歌舞伎座	歌舞伎座			歌舞伎座	御園座	歌舞伎座	
勘九郎（1981～）	真田十勇士	真田十勇士	歌舞伎座			コクーン	中村座（ニューヨーク）	歌舞伎座		歌舞伎座	新橋演舞場	南座
七之助（1983～）	大阪松竹座	歌舞伎座	歌舞伎座			コクーン	中村座（ニューヨーク）	歌舞伎座		歌舞伎座	新橋演舞場	南座
愛之助（1972～）	浅草	システィーナ		東京芸術劇場	各地	博多座		コクーン	各地	大阪松竹座	巡業	歌舞伎座
猿之助（1975～）	浅草		新橋演舞場	新橋演舞場	巡業	巡業		巡業	巡業	新橋演舞場	明治座	
獅童（1972～）	新橋演舞場	新橋演舞場				大阪松竹座	中村座（ニューヨーク）	歌舞伎座		歌舞伎座		歌舞伎座
玉三郎	大阪松竹座		歌舞伎座			南座	歌舞伎座			歌舞伎座	八千代座	歌舞伎座

2015年 1月	新橋演舞場	国立劇場	歌舞伎座	国立劇場	歌舞伎座	歌舞伎座	大阪松竹座	歌舞伎座	新橋演舞場	歌舞伎座
2015年 2月	六本木	歌舞伎座	博多座	大阪松竹座			システィーナ	大阪松竹座	六本木	
2015年 3月	源氏物語	歌舞伎座	歌舞伎座	歌舞伎座			歌舞伎座			
2015年 4月	南座、源氏物語	金丸座	歌舞伎座	金丸座	中村座（浅草）	中村座（浅草）	中日劇場	中日劇場	中村座（浅草）	
2015年 5月	歌舞伎座	歌舞伎座		歌舞伎座	中村座（浅草）	中村座（浅草）	明治座	明治座	中村座（浅草）	大阪松竹座（アマテラス）
2015年 6月	ABKAI（コクーン）						大阪松竹座			
2015年 7月	歌舞伎座	国立劇場	新橋演舞場（阿弖流為）	巡業	新橋演舞場（阿弖流為）	新橋演舞場（阿弖流為）		歌舞伎座	歌舞伎座	歌舞伎座
2015年 8月	六本木（大阪、名古屋）				歌舞伎座	歌舞伎座	新橋演舞場		六本木（名古屋）	
2015年 9月	古典への誘い	歌舞伎座	歌舞伎座	歌舞伎座	赤坂	赤坂	大阪松竹座		南座（あらしのように）	歌舞伎座
2015年 10月	ジャパンシアター	歌舞伎座	大阪松竹座（阿弖流為）	歌舞伎座	大阪松竹座（阿弖流為）	大阪松竹座（阿弖流為）		新橋演舞場（ワンピース）		歌舞伎座
2015年 11月	歌舞伎座	巡業	歌舞伎座	歌舞伎座	中村座（大阪）	中村座（大阪）	永楽館	新橋演舞場（ワンピース）	コクーン	八千代座
2015年 12月	南座		国立劇場	歌舞伎座		歌舞伎座	南座			歌舞伎座
2016年 1月	新橋演舞場	国立劇場	歌舞伎座	歌舞伎座			大阪松竹座	元禄港歌	新橋演舞場	歌舞伎座
2016年 2月	ジャパンシアター（大阪）	歌舞伎座		歌舞伎座		コクーン他	システィーナ	元禄港歌	博多座	博多座
2016年 3月	ジャパンシアター（東京）	歌舞伎座		歌舞伎座	歌舞伎座	コクーン他		大阪松竹座（ワンピース）	国立劇場（新派）	
2016年 4月	源氏物語（京都）	明治座	歌舞伎座		明治座	明治座	金丸座	博多座（ワンピース）		
2016年 5月	歌舞伎座	歌舞伎座		歌舞伎座						
2016年 6月		博多座	歌舞伎座	博多座	コクーン	コクーン		歌舞伎座	コクーン	
2016年 7月	歌舞伎座		巡業	巡業	まつもと歌舞伎	まつもと歌舞伎		歌舞伎座	まつもと歌舞伎	
2016年 8月	中日（源氏物語）		歌舞伎座		歌舞伎座	歌舞伎座		歌舞伎座	歌舞伎座	
2016年 9月		歌舞伎座	歌舞伎座	歌舞伎座						歌舞伎座
2016年 10月	古典への誘い	歌舞伎座	御園座	歌舞伎座		歌舞伎座	新橋演舞場	巡業	古典への誘い	歌舞伎座
2016年 11月	博多座（五右衛門）	国立劇場	歌舞伎座	国立劇場			永楽館		博多座	八千代座
2016年 12月	京都			国立劇場	歌舞伎座	歌舞伎座	京都	エノケソ一代記	歌舞伎座	歌舞伎座
2017年 1月	新橋演舞場	国立劇場	歌舞伎座	国立劇場			歌舞伎座	新橋演舞場		歌舞伎座
2017年 2月	座頭市（六本木）	歌舞伎座	歌舞伎座	歌舞伎座	歌舞伎座	歌舞伎座		博多座		
2017年 3月	歌舞伎座	国立劇場		歌舞伎座			新橋演舞場（ミュージカル）			
2017年 4月	古典への誘い	歌舞伎座	歌舞伎座	金丸座	赤坂	赤坂		歌舞伎座		
2017年 5月	歌舞伎座	歌舞伎座		歌舞伎座	大阪松竹座	大阪松竹座	明治座	大阪松竹座		鼓童・幽玄
2017年 6月	ABKAI（コクーン）	博多座		歌舞伎座	中村座（名古屋）	中村座（名古屋）		歌舞伎座	博多座	
2017年 7月	歌舞伎座	国立劇場	大阪松竹座				東京芸術劇場			
2017年 8月	座頭市（大阪、名古屋）		歌舞伎座	巡業	歌舞伎座	歌舞伎座	各地	歌舞伎座		
2017年 9月		歌舞伎座	歌舞伎座	巡業						
2017年 10月	古典への誘い	歌舞伎座				歌舞伎座	御園座	新橋演舞場（ワンピース）		歌舞伎座
2017年 11月	古典への誘い		歌舞伎座	国立劇場	全国芝居小屋錦秋特別公演	全国芝居小屋錦秋特別公演	永楽館	新橋演舞場（ワンピース）	巡業	八千代座
2017年 12月		国立劇場		歌舞伎座	京都	京都	歌舞伎座			歌舞伎座

第一部

海老蔵を見る——現代の貴種流離譚

【貴《き》種《しゅ》流《りゅう》離《り》譚《たん》】

〔折口信夫の命名〕説話の一類型。若い神や英雄が他郷をさまよいさまざまな試練を克服し、その結果、神や尊い存在となったとするもの。在原業平の東下り伝説、かぐや姫伝説、また、源氏物語の須磨流謫の条などがこれにあたる。

——三省堂「大辞林」より

第一部は市川海老蔵を軸に、歌舞伎座新開場直前の二〇一二年十二月から二〇一七年秋までを、ドキュメントとして描く。

劇界の大きな流れとしては、歌舞伎座新開場直前に、中村勘三郎、市川團十郎が相次いで亡くなり、さらに中村福助が倒れ、坂東三津五郎が亡くなりと、これからという役者を喪った時期であり、一方で海老蔵や菊之助、勘九郎たちの息子が舞台に登場するようになった時期でもある。喪失と再生を繰り返すのは歌舞伎にかぎらないが、それを強く印象づけた五年間だった。この世代交代期を象徴するのが、海老蔵だ。

歌舞伎座にあまり出ることのない海老蔵は、いくつもの自主公演プロジェクトを同時並行して進め、さらに家の藝《げい》たる「歌舞伎十八番」の復活、上演のたびに新しく作り変えていく成長する演劇とも言うべき『源氏物語』『石川五右衛門』など、古典以外の取り込みにも熱心である。

では、その海老蔵の多彩な活動を追ってみよう。

第一話　喪失からの出発

團十郎倒れる

二〇一二年十二月五日、闘病中の十八代目中村勘三郎が五十七歳で亡くなった。

その数週間前に週刊誌は勘三郎が深刻な事態にあると報じていたが、事務所や松竹からの正式な発表は何もなく、突然の訃報だった。私と、私の知るかぎりの歌舞伎ファンはこれをどう受け止めていいのか、何の整理もできないまま年を越した。このあと、さらにまた悲劇が待ち受けていることも知らずに。

いや、その第二の悲劇を、私たちはもちろん「知らなかった」が、「そうならなければいいのだが」という不安はあった。勘三郎の訃報から十三日後の十八日、京都・南座の顔見世《かおみせ》での中村勘九郎襲名披露公演に出演していた十二代目市川團十郎が「風邪による体調不良により、念のため大事を取り休演」となっていたのだ。

團十郎が白血病に倒れたのは二〇〇四年、海老蔵の襲名披露公演の最中だった。その半年後の十月の襲名披露のパリ公演で復帰するも、翌二〇〇五年六月に再発、自家末梢血幹細胞移植の治療を受けた。この闘病生活はドキュメンタリー映像や本人の回想録『團十郎復活』（文藝春秋）、娘・市川ぼたんの『ありがとう、お父さん』（扶桑社）に詳しいが、壮絶なものだ。

團十郎は二〇〇六年五月の歌舞伎座での團菊祭で復帰し、二〇〇七年三月には、パリのオペラ座での公演も成功させた。しかし、二〇〇八年五月の團菊祭のあと、またも容態が悪化し、七月に妹から骨髄移植を受けた。復帰したのは二〇〇九年一月の国立劇場からだった。

その後、團十郎は一ヵ月おきくらいのペースで出演し、海老蔵も結婚し、ようやく落ち着いたかと思った二〇一〇年十一月、今度は海老蔵が暴行事件に巻き込まれて謹慎する事件もあった。

二〇一二年の團十郎は、七月に澤瀉屋《おもだかや》の市川猿翁《えんおう》、猿之助、中車《ちゅうしゃ》、團子《だんこ》の四人の襲名披露公演に市川宗家として出て、大役を果たしたあと八月・九月には本公演はなく、十月の新橋演舞場での祖父・七代目幸四郎追善公演で、従兄の松本幸四郎と『勧進帳』を、昼は團十郎が弁慶で幸四郎が富樫、夜はその逆と、一日に二回上演した。

『勧進帳』を一日に二回も上演する企画が、どういう経緯で生まれたのかは分からない。この公演が発表された直後の八月十六日、池袋の東武百貨店で「わが心の歌舞伎座展」開催にあたり、團十郎のトークイベントがあり、私は聴衆として参加した。そのとき、十月に『勧進帳』を一日に二回やることについて團十郎が「大変なことになりました」と語っていたのを覚えている。

八月三十一日には、国立能楽堂で「市川流リサイタル」が開催された。團十郎、海老蔵、ぼたん、團十郎の妹で舞踊家の市川紅梅が出演する公演で、四人で『松廼寿翁三番叟《まつのことぶきおきなさんばそう》』、團十郎とぼたんで『黒谷』、海老蔵の『鷺娘』というプログラムだった。『黒谷』は團十郎が「三升屋白治《みますやはくじ》」の筆名で書き下ろしたもので、『一谷嫩軍記《いちのたにふたばぐんき》』の後日譚を舞踊劇にしたものだ。

九月は團十郎の公演はなく、十月の一日二回の『勧進帳』に備えていたはずだが、市川ぼたん著『ありがとう、お父さん』（以下、「ぼたんの本」とする）によると、團十郎は九月の定期検査の結果が思わしくなかった。移植した妹の細胞が元気を失い、團十郎自身の細胞が増加していたのだ。そこで再び妹・紅梅の幹細胞を、九月の終わりから三ヵ月にわたり、月に一度投与することになった。さらに再び貧血になり始め、定期的な輸血も必要となっていた――そんな状態で團十郎は十月の新橋演舞場では、ただでさえ体力、気力を消耗すると伝えられる『勧進帳』を一日に二度もつとめていたのである。

その十月の新橋演舞場での『勧進帳』を、私は昼の部（團十郎が弁慶、幸四郎が富樫）を十四日に、夜の部（幸四郎が弁慶、團十郎が富樫）を二十三日に見に行ったが、二十三日は声がかすれ、苦しそうだった。その印象が残っていたので、十二月十八日に体調不良で休演と知ったときは、心配だったのだ。しかし、ただの観客にすぎない私には心配する以外、何もできない。

團十郎が南座の「昼の部」で出演していた『梶原平三誉石切《かじわらへいぞうほまれのいしきり》』「鶴ヶ岡八幡社頭《しゃとう》の場」の梶原

平三景時は中村翫雀《がんじゃく》（後、四代目中村鴈治郎《がんじろう》）が、夜の部の『船弁慶』の武蔵坊弁慶は中村橋之助（後、八代目中村芝翫《しかん》）が代役をつとめた。

新開場の配役

團十郎の休演が発表された翌日の十二月十九日、翌二〇一三年の歌舞伎座「新開場柿葺落《こけらおとし》」の四月・五月・六月の三ヵ月分の公演情報が一挙に発表された。團十郎は、四月は最初の『壽祝歌舞伎華彩《ことぶきいわうかぶきのいろどり》』に出て、菊五郎が主演の『弁天娘女男白浪《べんてんむすめめおのしらなみ》』で日本駄右衛門、五月は『三人吉三巴白浪《さんにんきちさともえのしらなみ》』の和尚吉三と、『梶原平三誉石切』の大庭三郎景親、六月は菊五郎の『土蜘《つちぐも》』で源頼光、そして『助六由縁江戸桜《すけろくゆかりのえどざくら》』の助六をつとめる予定だった。

海老蔵はというと、四月、五月の演目・配役リストにその名はなく、六月に仁左衛門が工藤祐経をつとめる『壽曽我対面《ことぶきそがのたいめん》』での曽我五郎、團十郎の『助六』での福山かつぎ、この二役だけが記載されていた。海老蔵ファンとしては不満が残る配役だった。

「新開場柿葺落」は翌二〇一四年三月まで一年間にわたるが、イメージとしては最初の三ヵ月こそ柿葺落だった。

どの月も通常の昼夜二公演ではなく三部制で、合計二十二演目が予定されていた（『伽羅先代萩《めいぼくせんだいはぎ》』の「御殿」「床下」を別々に数える）。團十郎は三ヵ月すべてに出るが、配役表で名前がトップに出るのは『助六』のみで、最後の「留め」のポジションが五回、合計六演目。

では他の大幹部はというと、菊五郎は主役三回に留めが二回で合計五演目、幸四郎は主役四回のほかは『助六』の口上のみ、吉右衛門は主役三回に留めが二回で合計五演目、仁左衛門は主役三回に留めが二回の合計五演目となっていた。團十郎は出演回数はいちばん多いが、主役はひとつしかなかった。大幹部とされる五人のなかでは團十郎は最も若いが、周囲に気を配る人と伝えられているのでその性格ゆえにか、他の役者の引き立て役にまわっていた。

五人以外で配役表のトップに名が出たのは、玉三郎・二回、藤十郎・二回、三津五郎・二回、梅玉・一回、橋之助（後、八代目芝翫）・一回である。このなかでは橋之助が最年少だ。

女形は配役表のトップに出る演目そのものが少ないので、同列には比較できない。玉三郎の二回は例外中の例外と言える。第五期歌舞伎座の立女形《たておやま》が玉三郎であることは、誰の眼にも明らかだった。

しかし玉三郎は四月と五月の二ヵ月しか出ず、合計四演目。他の大幹部が三ヵ月つとめるなかでは、六月の玉三郎の不在は目立った。しかも、立女形がつとめるべき『助六』の揚巻は福助に譲っている。この時点ではまだ分からなかったが、玉三郎は少しずつ歌舞伎座と距離を置こうとしていたのだ。

女形では魁春《かいしゅん》、時蔵、芝雀《しばじゃく》（後、五代目雀右衛門）もそれぞれ四演目に出て、福助は三演目だがひとつが揚巻という大役だ。玉三郎を別格として、魁春、時蔵、芝雀、福助が並ぶというのが二〇一三年の女形の序列だった。

海老蔵は六月に二演目だけだが、同世代のほかの役者はというと、染五郎は四月だけで二演目、松緑《しょうろく》は四月と六月で合計三演目、菊之助は三ヵ月とも出て、立役で二回、女形で二回の計四回と優遇されていた。

以上が主な役者たちが歌舞伎座新開場時点でどういうポジションにいるか、その見取り図となる。

團十郎は、六月の最後に『助六』があるとはいえ、家の格と「團十郎」という名の重さからすると、冷遇されていると言わざるをえなかった。

海老蔵もこの時点ではすでに最も集客力があるのに六月にしか出ず、ひとつも主役がないのは冷遇と言える。だが興行する松竹としてみれば、柿葺落は海老蔵が出ようが出まいが客は来ると踏んでいるので、こういうことになるのだろう。

成田屋ファンとしては不満の残る演目・配役の発表だったが、それよりも何よりも、気がかりなのが團十郎の容態だった。

闘病の年末年始

どのような容態なのか詳しい発表のないまま、結局、團十郎は南座には復帰しなかった。

市川ぼたんの本によれば、十二月の京都では南座の舞台の合間に、海老蔵主演の映画『利休にたずねよ』の撮影もあり、それが十五日だった。〈その翌日は、急に目が腫れて明（ママ）けられなくなった。さらに一八日の早朝は高熱を出し、急遽病院へ。診断の結果は肺炎。休演を余儀なくされた。そのまま京都の病院に入院となってしまった〉という状態だった。そして、〈熱はあるものの体調が非常に悪いわけではない。ただレントゲンで肺に影があるとのことだった。〉

この時点では團十郎は舞台へ復帰するつもりでいたし、周囲もそのつもりだった。だが、〈肺炎が改善されないため舞台復帰は叶わず、二十一日には帰京。父は自宅に戻らず、そのままいつもの病院へと直行し、入院した。〉当初は肺炎がおさまるまでの一週間ほどの入院のつもりだったが、状態が改善せず、肺炎の原因も特定できない。

一方、白血病のほうでも問題が発生していた。骨髄移植から四年が過ぎ、順調にいっていると思われていたが、「後期生着不全」を起こしていた。それと肺炎との因果関係は分からない。

團十郎が倒れた時点で決まっていた公演には、一月の新橋演舞場「新春大歌舞伎」で『仮名手《かなで》本《ほん》忠臣蔵』七段目の大星由良之助、三月のル・テアトル銀座で海老蔵とともに出演するシェイクスピアの『オセロー』があった。しかし十二月のうちに、新橋演舞場の由良之助は松本幸四郎が代役と決まった。『オセロー』はまだ出演するつもりでいた。

十二月は新橋演舞場、国立劇場、京都・南座で歌舞伎公演があり、役者たちは各地に散ってい
たが、千穐楽を終えた十二月二十七日、東京・築地本願寺に集まった。十八代目勘三郎の本葬が
営まれたのだ。海老蔵は参列したが、そこに團十郎の姿はなかった。

海老蔵は七月に澤瀉屋の襲名披露公演に父・團十郎と出たあと、八月は新橋演舞場の「花形歌
舞伎」で『桜姫東文章《さくらひめあずまぶんしょう》』の釣鐘権助と、『伊達の十役』での十役をつとめたが、以後は歌舞伎の
舞台には立たなかった。舞台に出たのは八月終わりの市川流リサイタルと、九月末から十月上旬
の自主公演「古典への誘《いざな》い」だけで、あとは映画『利休にたずねよ』の撮影をしていた。

こうして、二〇一二年は暮れていった。十二月の総選挙では自民党が政権を奪還した。偶然に
も、民主党政権と歌舞伎座が工事中だった時期とはほぼ重なる。

團十郎は京都から東京へ戻ると病院へ直行したので、年末年始くらいは数時間でも自宅で過ご
そうとなり、医師からも外出許可を得た。それくらい元気ではあったのだ。ところが大晦日の昼
間、鼻の洗浄をしていた際に血管が切れて鼻血が止まらなくなった。市川ぼたんの本には、〈父
はこれを境に衰弱していったように思う。〉とある。

大晦日の帰宅は断念し、翌元日に一時帰宅することになった。だが元日になって、團十郎は迎

えの自動車に乗ったものの、百メートルほど走ったところで、「気分が悪い」と訴え、嘔吐し、自動車は病院へと引き返した。

こうした病状については当時は何も報じられなかった。

十四年ぶりの浅草歌舞伎

二〇一三年一月二日、新橋演舞場、浅草公会堂、大阪松竹座で正月興行の幕が開いた。歌舞伎座がない間、「控櫓《ひかえやぐら》」となっていた新橋演舞場での「大歌舞伎」もこの月が最後だった。本来は團十郎も出る予定だったが、前述のように休演した。松本幸四郎、中村吉右衛門、中村梅玉《ばいぎょく》、片岡我當《がとう》、坂東三津五郎、中村芝雀（後、五代目雀右衛門）、中村福助、中村橋之助らが揃った。大阪松竹座では市川猿翁、猿之助、中車の襲名披露公演だった。三日初日の国立劇場は例年通り、尾上菊五郎、尾上菊之助、尾上松緑、中村時蔵らが出ていた。

海老蔵は、浅草公会堂の新春浅草歌舞伎で、実質的な座頭をつとめた。

浅草歌舞伎は前年までは市川猿之助、片岡愛之助、中村勘九郎、中村七之助らが中心となっていたが、猿之助は前年七月に新橋演舞場で襲名したばかりで、一月は大阪松竹座での襲名披露公演、勘九郎も前年二月に新橋演舞場で襲名し、十二月に京都・南座（この公演中に父・勘三郎が亡くなった）、二月に博多座で襲名披露公演があり、その間の一月は休みだった。

二〇一三年は、前年からの中村勘九郎と市川猿之助の襲名披露興行が各地で打たれていたのである。猿之助は一月の大阪松竹座のあとは三月に名古屋の御園座、勘九郎は二月が博多座、三月が東京の赤坂ACTシアターが予定されていた。

こうした事情で勘九郎、猿之助が浅草に出られず、浅草をいったん卒業していた海老蔵が出ることになったのだ。

翌年の浅草歌舞伎は猿之助と愛之助が中心の座組となったが、猿之助が出るのはこれが最後となった。勘九郎・七之助は二〇一二年の一月は平成中村座に出ていたので、浅草歌舞伎は二〇一一年が最後になった。

浅草歌舞伎は若手が主体の興行だ。第一回が一九八〇年で、当時の若手である中村吉右衛門、中村勘九郎（後、十八代目勘三郎）、坂東玉三郎が中心の座組で、一九九六年から九九年までの四年が、海老蔵（当時は新之助）、菊之助、松緑（当時は辰之助）ら「新三之助」の時代だった。最後となる九九年は、海老蔵が『勧進帳』の弁慶、菊之助が『京鹿子娘道成寺《きょうがのこむすめどうじょうじ》』、辰之助が『寺子屋』の松王丸をそれぞれつとめ、これをもって「新三之助」は浅草を卒業した。したがって海老蔵にとっては十四年ぶりの浅草登場となった。

この年の浅草歌舞伎の出演者は、チラシに写真が載っているメインの役者は、海老蔵のほか、片岡愛之助、片岡孝太郎、中村亀鶴《きかく》の四人だ。他に尾上松也、坂東新悟、中村壱太郎《かずたろう》、中村米吉、中村隼人、中村種之助といった、二〇一五年から浅草歌舞伎を担う世代も出ていた。新悟と壱太郎は「名題昇進」したばかりだ。これらの若手を成田屋（市川團十郎家）一門の片岡市蔵と市川右之助（後、二代目市川齊入）、そして上村吉弥が支えるという構図だった。

なかでも印象に残ったのは、『壽曽我対面』だった。海老蔵が工藤祐経をつとめ、曽我五郎を松也、曽我十郎を壱太郎がつとめた。

松也はそれまで菊五郎劇団では女形として出ることが多かったが、このとき初めて荒事《あらごと》をつとめた。そもそも、菊五郎劇団では女形がほとんどだった松也に、本格的な立役を初めてやらせたのは海老蔵だった。二〇〇八年四月の金丸座でのこんぴら歌舞伎で、海老蔵主演の『夏祭浪花鑑《なつまつりなにわかがみ》』で、一寸徳兵衛に松也を抜擢したのだ。

このように松也の転機、飛躍の陰には海老蔵がいた。

松也のキャスティングを提案したのが海老蔵なのか松竹側だったのか、詳しいことは分からないが、この公演での座頭である海老蔵が了解しないことにはまとまらないはずだから、海老蔵が抜擢したと言って間違いではない。

『勧進帳』では弁慶を海老蔵、富樫を愛之助、義経を孝太郎がつとめ、四天王は松也、壱太郎、種之助、市蔵だった。

浅草歌舞伎公演中の一月九日、三月の『オセロー』は代役を立てるのではなく公演そのものが中止となり、歌舞伎公演に切り替えて、海老蔵主演の『夏祭浪花鑑』他を上演すると発表された。團十郎は歌舞伎座新開場公演に出演するために、ゆっくり療養するのだと思われていた。

しかし、前掲の市川ぼたんの本によると、一月十二日に酸素濃度が下がり、集中治療室に入った。人工呼吸器が必要になる事態に備えての措置だった。この時点ではまだ人工呼吸器ではなかったが、従来のものよりもさらに強力な酸素マスクになった。翌十三日には、その強力な酸素マスクのおかげか、酸素濃度が上がり食欲もあった。

十四日、東京は珍しく大雪となり、交通機関が乱れていた。ぼたんが病院へ着くと、團十郎の病状はさらに改善され、肺の影が薄れ、酸素濃度も上がっていた。

だが十五日になって、やはり人工呼吸器が必要だとなる。呼吸が思うようにできず、酸素濃度が低下してしまうというのだ。人工呼吸器を付けるためには、当人の意識があったのではできないそうで、薬で眠らせ、意識不明にさせる。その間に、肺炎の改善を目指すのだと説明された。だが、一度、人工呼吸器を付けると、簡単には外せない。つまり、ずっと意識が戻らない可能性がある。医師は、人工呼吸器装着の間に何が起きてもおかしくないので家族を呼ぶようにと言った。そこには妻・希実子と娘・ぼたんしかいなかったので、妹・紅梅と、海老蔵の妻・小林麻央が呼ばれた。

團十郎は「延命治療ならしたくありません」と、呼吸が苦しいなかで、はっきりと伝えた。その意思をはっきりと書いた文書が自宅のパソコンにあるので持ってきてくれと、希実子に頼んだ。彼女は自宅へ連絡を取った。医師は、「延命治療ではなく、次の治療に向けての前向きなものだ」と説明したという。

大雪の影響で紅梅と麻央は病院まで行くのに苦労したが、どうにか到着した。会話がしにくいので、ノートに書いた。海老蔵は浅草公会堂の舞台があるので、病院へは行けないため、テレビ電話で團十郎と話した。ぼたんはこう書いている。〈テレビ電話の向こうの兄にも父は満面の笑みで応えていた。〉

人工呼吸器装着のためには家族も病室を出なければならない。家族が見えなくなるまで、團十郎は笑顔のまま両手を振っていたという。

経過は順調だった。並行していた抗癌剤治療の効果も出て、血中にあった骨髄異形成症候群による悪い細胞もほとんどなくなり、肺炎治療に専念できるようになってきた。人工呼吸器装着から二週間が過ぎて、来週には外せるのではないか、という状態にまでなった。

だが二月一日、脈拍数が高くなり高熱を出す。心臓は正常なので感染症かもしれないとなり、検査をするとカビ菌が原因だった。白血球が少なくなっていたため、菌を退治できなくなっていたのだ。翌二日、他の臓器が支障をきたしていたので人工透析をすることになった。一時的に腎臓の負担を取るためと説明された。それもうまくいった。

團十郎逝く

二月三日の節分の日、海老蔵は千葉県成田山新勝寺の特別追儺《ついな》豆まき式に出席していた。いうまでもなく、成田山新勝寺は市川家とのつながりが深い。この年は海老蔵にとって「年男」と「芸能生活三十周年」でもあった。海老蔵は團十郎の「病気平癒祈願」のために午前の第一回目の豆まき式にだけ特別参加した。ぼたんは岐阜県大垣市での節分会に呼ばれており、踊ったあとには豆まきにも参加することになっていた。父が気がかりではあったが、彼女は岐阜へ向かった。

ぼたんが大垣に着いて、踊りの準備に取り掛かろうとするとき、携帯電話が鳴り、動揺している母から團十郎が多臓器不全でかなり悪いと伝えられた。ぼたんはそれでも舞台をつとめ、それを終えると東京へ向かった。

市川團十郎が息を引き取ったのは、その日の午後九時五十九分。娘・ぼたんが病室に飛び込んで四分後のことだった。

團十郎の死は翌四日の朝刊で大きく伝えられた。その朝、まだ半分眠った状態で新聞を取りに行って、東京新聞を開くと、『勧進帳』の弁慶の團十郎の写真が最初に目に入り、何だろうと思い、その横にある文字を読んで、「頭の中が真っ白になる」感覚を覚えた。

ここまで述べたような闘病生活のことは、当時は何も報じられていなかったので、家族と関係者以外には突然の悲報だった。

團十郎の訃報が伝えられた二月四日は、日生劇場での「二月大歌舞伎」の初日だった。歌舞伎公演をしている新橋演舞場は、二月は新派の役者を中心とした喜劇公演で、その代わりに日生劇場で「二月大歌舞伎」興行が打たれたのだ。歌舞伎座が工事をしている間は新橋演舞場以外に、日生劇場でもときどき歌舞伎を上演していた。

この月は昼夜とも、福助と染五郎の『吉野山』、幸四郎、染五郎、福助で『新皿屋舗月雨暈《しんさらやしきつきのあまがさ》（魚屋宗五郎）』を上演した。染五郎は前年八月二十七日に国立劇場での「第十回松鸚會《しょうおうかい》 宗家松本幸四郎古希記念舞踊公演」で奈落に転落して重傷を負い、これが復帰公演となった。

博多座では勘九郎の襲名披露公演が始まっており、片岡仁左衛門が親代わりの後見役となっていた。大阪松竹座では愛之助が座頭の「花形歌舞伎」で、『新八犬伝』と新作『GOEMON』が上演されていた。

海老蔵は二月は公演がなかったため、父・團十郎の臨終に立ち会えたのである。

各劇場が二十六日に千穐楽を迎えると、その翌日の二月二十七日、市川團十郎の本葬が青山葬儀所で営まれた。

海老蔵は三十五歳にして市川宗家の当主となった。

しかし「團十郎」を襲名したわけではないので、まだ劇界トップという象徴的ポジションには就いていない。團十郎が存命中に得ていた歌舞伎座での主役の座も、なかなか海老蔵にはまわってこない。というよりも、歌舞伎座への出演機会そのものが少ない。

だが、その一方で、勘三郎の死により海老蔵は「最も客が呼べる役者」になった。

つまり――歌舞伎座再開場直前に劇界を襲ったふたつの悲劇によって、海老蔵は市川宗家当主にして最も客が呼べる役者という、「團十郎」と「勘三郎」を兼ねる存在になっていたのだ。

ところが、その海老蔵が歌舞伎座に出る機会は少ない。

それゆえ、海老蔵は貴種流離譚の主人公となるのだ。

勘三郎の遺産

三月のル・テアトル銀座は、團十郎主演の『オセロー』を中止にして、歌舞伎公演に切り替え、海老蔵主演の『夏祭浪花鑑』が上演された。

海老蔵が『夏祭浪花鑑』の主人公の團七を初めて演じたのは二〇〇八年四月の四国こんぴら歌舞伎大芝居の金丸座で、以後二〇〇九年七月の歌舞伎座、一二年六月の名古屋の御園座、一四年七月の歌舞伎座と数年に一度はつとめていた。

『夏祭浪花鑑』の團七は九代目團十郎もつとめているので成田屋も縁がないわけではない。しかし、その後は初代中村吉右衛門が得意とし、その弟の十七代目勘三郎を経て十八代目勘三郎へと伝わり、また二代目吉右衛門も当たり役とした。その一方で、十二代目團十郎は演じていない。そこで海老蔵は、二〇〇八年四月に初めてつとめる際には、休暇でアメリカのアリゾナに滞在中だった勘三郎を訪ねた。

三月の公演は、本来ならば父・團十郎と『オセロー』を演じるはずだった劇場で、勘三郎に教えてもらった役を演じることになり、海老蔵にとってはふたつの意味での追悼の舞台だった。海老蔵は勘三郎が持っていた「最も客が呼べる役者」というポジションを引き継いだが、それだけではなく、いくつかの役、藝もまた継いでいるのだ。

この公演の最中の三月二十二日、海老蔵に長男が誕生し、勸玄《かんげん》と名付けられた。事務所を通じて海老蔵は「元気な長男が誕生致しました。新しい家族を迎え喜びと責任の重さを感じておりま す。誕生を楽しみにしていた亡き父の分まで愛情を注いで、育てていきたいと思っております」とのコメントを発表した。

海老蔵がル・テアトル銀座で座頭として奮闘している三月、新橋演舞場では控櫓《ひかえやぐら》としての最後の公演となる「花形歌舞伎」で、菊之助、松緑、染五郎の三人が中心となっていた。この世代の組み合わせでは、浅草歌舞伎で一緒だった海老蔵・菊之助・松緑が多く、またともに七代目松本幸四郎のひ孫ということで、海老蔵・染五郎・松緑での公演もあった。しかし、海老蔵は歌舞伎座以外で座頭として公演するようになってからは、菊之助、松緑、染五郎との共演が少なくなっていく。

赤坂ＡＣＴシアターでは、中村勘九郎と七之助が中村獅童を客演に招いて『怪談乳房榎』を上演していた。

中村勘三郎が開拓した歌舞伎公演の場、つまり勘三郎の遺産は、八月の歌舞伎座での納涼歌舞伎、渋谷のシアターコクーンでのコクーン歌舞伎、移動式劇場の平成中村座、そしてこの赤坂歌舞伎とがあった。勘九郎・七之助の兄弟は、とりあえずそのすべてを継ぐ。

名古屋・御園座では、澤瀉屋一門の猿翁・猿之助・中車の襲名披露公演があり、国立劇場でも、福助、中村錦之助、中村翫雀（後、四代目鴈治郎）による『隅田川花御所染《はなのごしょぞめ》』が上演されていた。

つまり三月は五つの劇場で歌舞伎公演があり、それぞれで「海老蔵世代」とその前の世代が主役となっていたのだ。大幹部たちは四月から六月までの歌舞伎座の柿葺落に備え、舞台には出ていなかった。

歌舞伎座新開場

四月二日、歌舞伎座の「新開場柿葺落」が始まった。團十郎が出る予定だった役は、大幹部三人が代わることになった。四月の最初の『壽祝歌舞伎華彩』は團十郎が出る予定の役そのものがなくなり、『弁天娘女男白浪』の日本駄右衛門は幸四郎、五月の『三人吉三巴白浪』の和尚吉三も幸四郎、『梶原平三誉石切』の大庭三郎景親は菊五郎、六月の『土蜘』の源頼光は吉右衛門である。

そして、『助六由縁江戸桜』の助六は海老蔵が代役となった。海老蔵の役だった福山かつぎは菊之助に代わった。他の役は大幹部たちに渡しても、家の藝たる「歌舞伎十八番」の「助六」だけは海老蔵が担ったのである。

海老蔵の助六は二〇〇四年から〇五年にかけての襲名披露公演でも目玉のひとつで、二〇〇四年六月の歌舞伎座では玉三郎が揚巻、九月の御園座、十二月の南座、翌〇五年六月の博多座では菊之助が揚巻だった。二〇〇九年の歌舞伎座さよなら公演では『助六』は最後の最後、四月の第三部の最後の演目で、つとめたのは團十郎と玉三郎だった。ここで歌舞伎座の歴史にいったんピリオドが打たれ、その翌月、新橋演舞場では海老蔵の世代が新時代の幕開けの到来を宣言するかのように、前月まで彼らの父とその世代の大幹部が演じた役をつとめた。海老蔵は助六をつとめ、揚巻は福助だった。

以後、海老蔵は助六を演じる機会のないまま、歌舞伎座新開場を迎えたのである。この間に團十郎が助六をつとめたのは二〇一一年十月の名古屋・御園座の顔見世だけで、揚巻は福助だった。そして新開場の二〇一三年六月の『助六』でも、揚巻は玉三郎ではなく福助だった。

玉三郎は——あとの章にも書くが——歌舞伎座が新しくなると、名実ともに立女形として多くの舞台に出るのだろうと期待されたが、その逆に出演を絞り込むようになっていく。盟友とも言える勘三郎と、ともに一九七〇年前後から風雪に耐えてきた同志でもあったはずの團十郎の死の影響なのか、年齢的な問題なのか。

團十郎と玉三郎の『助六』はもう永遠に見ることができず、海老蔵と玉三郎での『助六』も、今後その機会はなさそうだ。ふたつとも第四期歌舞伎座で、一瞬だけ存在した奇蹟となってしまった。

このように——第五期歌舞伎座が開場したときは、せっかく新しい劇場ができたというのに、ついこの前まであったはずのものが失われたという喪失感のほうが重かった。

希望もあった。

四月二日の初日に第一部と第二部を見た私は、その日のことを、同年八月に出した『歌舞伎家と血と藝』のあとがきに、こう書いている。

この日、いちばん盛り上がったのは、人間国宝や藝術院会員たちの重厚な演技ではなく、中村勘九郎の息子、七緒八《なおや》（後、三代目中村勘太郎）が花道を歩いて出てきたときだった。

セリフを言うわけでもなければ見得を切るわけでもない。ただ歩いて出て来ただけだ。この子に役者としての才能があるのかどうかなど、誰にも分からない。それなのに、「中村屋」との掛け声と万雷の拍手――こういう光景は歌舞伎ならではのものだろう。

これは第一部（六月までの三ヵ月は昼夜二部制ではなく、三部制が採られていた）での『お祭り』のことだ。坂東三津五郎をはじめ、橋之助、彌十郎、獅童、福助、扇雀《せんじゃく》と、勘三郎と納涼歌舞伎やコクーン歌舞伎で共演していた役者たちが出て、勘三郎を偲ぶ演目だった。そこに勘三郎の子の勘九郎と七之助に加えて、七緒八も登場したのだ。

こういう光景――人気役者の子供の初御目見得や初舞台が盛り上がるのは、その後も第五期歌舞伎座では毎年、繰り返されている。二〇一七年七月の堀越勸玄の宙乗りはそのクライマックスだったと言っていい。ちょうど大幹部の御曹司たちが結婚し子供が生まれる年代になったのと重なったからだ。

歌舞伎座にいない役者たち

歌舞伎座の「柿葺落」はマスコミも注目するなか、にぎにぎしく始まり、連日満員となっていた。四月はほとんどの歌舞伎役者が歌舞伎座に出ていたため、ほんの少ししか出番のない役者も多かった。

そのなかにあって、東京から約七百キロ離れた四国は香川県琴平町の金丸座では、市川猿之助と澤瀉屋一門が「こんぴら歌舞伎」で襲名披露公演をしていた。

そして、海老蔵も歌舞伎座にはいなかった。もともと海老蔵の出演予定はなく、成田屋は当主たる團十郎だけが出演予定だったが、その團十郎が亡くなったので、第五期歌舞伎座は成田屋不在で開幕したのである。

一八八九年（明治二十二年）に歌舞伎座が開場したとき、創設者である福地桜痴《おうち》は、他のどの役者よりも九代目團十郎に出演してもらうために苦労した。それを思えば、歌舞伎座は團十郎＝成田屋を座頭として誕生した劇場なのに、百二十四年後の第五期開場時には、何がなんでも成田屋を中心にしたいという意思がこの劇場に、つまり松竹にはないようだった。

新開場二ヵ月目となる五月も海老蔵は歌舞伎座には出ず、京都・南座にいた。

成田屋一門に属している市川右之助（後、二代目市川齊入《さいにゅう》）、市村家橘《かきつ》、片岡市蔵と、猿之助以外の澤瀉屋一門、右近（後、三代目市川右團次《うだんじ》）、猿弥、笑也《えみや》、寿猿《じゅえん》、門之助に、尾上松也、坂東新悟、坂東亀三郎（後、九代目坂東彦三郎）ら若手との「花形歌舞伎」で座頭となり、昼の部では、「歌舞伎十八番」の『鎌髭《かまひげ》』を復活させ（第三話に記す）、夜の部では『伊達の十役』で、文字通り一人十役を早替りと宙乗りでつとめていた。

『伊達の十役』は七代目市川團十郎が一八一五年（文化十二年）に初演したものを、三代目市川猿之助（現、二代目猿翁）が一九七九年（昭和五十四年）に復活させ、「三代猿之助四十八撰」のひとつとしたものだ。

三代目猿之助は歌舞伎界では異端児で、保守本流である市川宗家からは遠いようだが、海老蔵は三代目猿之助の藝と精神を継承しており、『義経千本桜』の「四《し》の切《きり》」も猿之助型で演じている。海老蔵が「四の切」を三代目市川猿之助（現・猿翁）から習ったのは二〇〇八年七月に歌舞伎座で上演した際で、宙乗りなどのケレンが入る澤瀉屋型で演じた。三代目猿之助は病に倒れた後だったので、実際に演じて教えたのが市川右近（現・右團次）で、このときから海老蔵と右近の関わりも深まったようだ。

保守本流の成田屋の御曹司が異端児・猿之助から習うという一種のねじれが、新しい歌舞伎、すなわち成田屋の歌舞伎でもない「海老蔵の歌舞伎」を生み出し、この一種のねじれが、現在にいたる歌舞伎の面白さのひとつとなっている。

この五月の南座での花形歌舞伎の座組は、そういう名はないが「海老蔵劇団」と呼んでいいもので、以後も海老蔵はこのメンバーを中心にして公演を重ねていく。このなかで、松也、亀三郎は菊五郎劇団に属しているが、海老蔵の公演に出ることも多いのだ。

五月の東京では明治座でも「花形歌舞伎」公演があり、染五郎、勘九郎、七之助、愛之助の四人が出ていた。この月、海老蔵世代で歌舞伎座に出ている御曹司は菊之助だけで、玉三郎との『京鹿子娘二人道成寺』に出た。

成田屋の助六

六月——ようやく市川宗家が歌舞伎座に帰ってきた。

二〇一〇年四月に成田屋の助六で閉場した歌舞伎座は、二〇一三年六月に成田屋の助六を上演することで、真の再生を果たしたのだ。

『助六』は二代目市川團十郎が作り上げた芝居で、市川家の「歌舞伎十八番」のひとつでもある。「歌舞伎十八番」のなかにはいろいろな役があるが、まるで海老蔵のために書き下ろされたのではないかと思えるほどぴったりなのが助六だ。

海老蔵の助六は不良性と茶目っ気、そして何よりも色気を発散させて、舞台狭しと躍動する。ストーリーはあってないような芝居なので、助六とその相手役である揚巻の役者に魅力がなければ成り立たない。この役については團十郎よりも海老蔵のほうが、適役と思えた。

「柿葺落」は翌年三月まで続くが、七月は「花形歌舞伎」、八月は「納涼歌舞伎」、九月は再び

「花形歌舞伎」と若手中心になるので、六月までの三ヵ月こそが本当の意味での「柿葺落」となり、その最後、トリを飾ったのが海老蔵の助六だったのである。

もともと團十郎が出る予定だったわけで、トリは成田屋という暗黙の了解があったにしても、それが海老蔵に交代したことは、まさに第五期歌舞伎座の主役が海老蔵になることを暗示していたのである。

主役になるべくして生まれた役者は、本人が望まなくても、主役になってしまう。まさに、そうなる運命だったとしか言いようがない。


この三ヵ月の「歌舞伎座新開場　柿葺落大歌舞伎」は、「海老蔵の出る歌舞伎」と「海老蔵の出ない歌舞伎」の差を見せつけた。

「海老蔵の出る歌舞伎」は祝祭性が一〇〇パーセントで、活気に満ちて観客を巻き込んでいく。「海老蔵の出ない歌舞伎」は格調高く上品な国宝級の藝が披露されるが、「けっこうなお舞台を拝見しました」で終わってしまう。感心はするが感動は少ない。

四月の新開場をなぜ海老蔵の『暫《しばらく》』始めなかったのか、いまでも残念だ。海老蔵の鎌倉権五郎に、尾上菊之助の照葉、以下海老蔵世代の若手が舞台に勢揃いしていたら、どんなに華やかな開場となったことだろう。

「柿葺落大歌舞伎」の最初の三ヵ月の予告が出たとき、四月に『熊谷陣屋』と『盛綱陣屋』、五月に『寺子屋』と『伽羅先代萩』「御殿」という、「子殺し」の演目が並ぶのを見て、愕然としたのを覚えている。もちろんおめでたい舞踊や、華やかな玉三郎と菊之助の『京鹿子娘二人道成寺』もあったが、この「四大子殺し」で、柿葺落へのワクワク感が吹き飛んだ。見巧者にとっては、大変けっこうな演目だったかもしれないが、落胆した。

いまの歌舞伎座は観客が何を観たがっているかを無視して、まず大幹部を中心に出演者を決めて、その役者が得意とするものを並べている。だからいつも同じ演目が出るし、しかも見せ方に観客目線がない。

たとえば『伽羅先代萩』は「御殿」と「床下」だけだったが、「御殿の子殺し」のあとに、お裁きの場での「対決」と「刃傷」があって仁木弾正の悪の華が散っていく場で魅せ、一方では敵討ちができて「めでたい　めでたい」となるからこの芝居は名作なのではないか。時間配分としては、『寺子屋』をやめて『廓文章』を第一部に移動するなどすれば第二部は『伽羅先代萩』だけで収まりがついたはずだ。

『弁天娘女男白浪』にしても、「浜松屋」で弁天小僧をやっつけたはずの日本駄右衛門が、じつは大泥棒のグルだったと分かる「蔵前」の面白場面を見せなければ、「稲瀬川勢揃い」も「滑川土橋」も初めて見る人にはわけが分からない。予習してから見に来いと言うつもりなのだろうが、それはあまりにも観客無視の姿勢だ。このときは菊五郎も左團次も吉右衛門も、いつも以上の熱演だった。だからこそ、『盛綱陣屋』は削って「蔵前」を入れていれば、観客はもっと満足感を抱いて帰っていったはずだ。

このように「海老蔵の出ない歌舞伎」は、役者の序列中心で、観客目線とかワクワク感を無視して作られている。大幹部役者は国宝級の藝を見せるのだから、観客はその役者に寄り添って当然という雰囲気なのだ。

「海老蔵の出る歌舞伎」はその逆だ。海老蔵が座頭の場合でも配役には苦心しているが、基本は役者が観客に寄り添う芝居なのだ。もともと海老蔵は天才として生まれているから、海老蔵が舞台に立っただけで観客は存在感の大きさに引き込まれる。そのうえ、三代目猿之助（現・猿翁）と中村勘三郎に教えを請い、その藝と芝居に対する心得を習い、観客に寄り添う芝居へと進化してきている。

海老蔵は歌舞伎十八番の荒事を演じるために生まれてきた男なので、幼子《おさなご》のおおらかさと傲慢さとがある。猿翁や勘三郎とは性格が異なるが、この三人に共通するのは「天才」であること、「興行師」としてのセンスを持ち観客動員力があることである。だが猿翁は舞台には出なくなり、勘三郎は世を去った。

市川宗家当主となった海老蔵は、荒事の伝統「歌舞伎十八番」を中心とした代々の團十郎の藝の継承者に加え、猿翁や勘三郎が推し進めていた観客本位の「新しい歌舞伎」という改革運動の後継者にもなった。

単純に言えば、本流である市川宗家という大河に、異端児、風雲児の流れも合流しているのが「海老蔵の歌舞伎」である。

そしてそれは、六代目中村歌右衛門が築いた現在の「歌舞伎座の歌舞伎」からは、かけ離れたものでもある。

かくして海老蔵は全国を巡業する、彷徨《さまよ》える歌舞伎役者となった。

第二話　二つの自主公演

「古典への誘い」「ＡＢＫＡＩ」の旗揚げ

二〇一三年六月に『助六』を終えると、海老蔵は八月にシアターコクーンで自主公演「ＡＢＫＡＩ」（「海老蔵の会」を略して「えびかい」となり、アルファベットで表記する）を開催し、九月の歌舞伎座「花形歌舞伎」に出たあとの十月から十一月はもうひとつの自主公演「古典への誘《いざな》い」で全国をまわった。そして十二月は歌舞伎座の「大歌舞伎」の『仮名手本忠臣蔵』の通し上演で、大序と三段目で高師直、道行で早野勘平、七段目で寺岡平右衛門をつとめた。

市川染五郎や尾上菊之助は父と同座することが多いが、海老蔵の場合、父・團十郎の存命中から、父とは別行動することが多くなっていた。海老蔵には集客力があるので、歌舞伎座に團十郎と一緒に出させるより、海老蔵を座頭として歌舞伎座以外の劇場で公演をさせたほうが利益が出ると、松竹が考えていても不思議ではない。素人でもそれくらいは計算できる。そういう財務面での理由もあるだろうが、何よりも市川海老蔵は「主役以外はつとまらない」役者だった。そうなると、まだまだ大幹部ががんばっている歌舞伎座に、主役として割り込むのは難しい。松竹が持つ他の劇場に出るとしても、その数は限られているし、海老蔵以外の役者も必要なので、松竹もそう多くは海老蔵の座頭公演を打てない。

そこで海老蔵は自主公演を始めることにしたのだ。

能とのつながり

「古典への誘い」は二〇一二年秋に始まった。父・團十郎がまだ元気なころで、その父が自主公演をするようにと強く勧めたのだという。

最初の「古典への誘い」は二〇一二年九月二十八日から十月十四日までで、京都の南座と名古屋の能楽堂でそれぞれ三日間の公演の後、兵庫、広島、大分、福岡、長崎と一日ずつだった。東京では公演がなかったので、私は名古屋まで見に行った。

この自主公演は「歌舞伎への誘い」ではなく「古典」としたところが特徴だった。最初に海老蔵がスーツ姿で登場して「オープニングトーク」をし、次に能の『石橋《しゃっきょう》』、最後に歌舞伎の『連獅子』が上演された。能の出演者は日替わりで、片山九郎右衛門、梅若紀彰、観世喜正、金剛永謹、金剛龍謹、林宗一郎、味方玄、囃子方《はやしかた》の亀井忠雄・広忠父子ほか、『連獅子』は海老蔵が親獅子、中村壱太郎が子獅子で共演した。

〈能と歌舞伎は非常に深いつながりをもちつつも、独自の文化として発展してきたため、直接的な交流の機会に恵まれませんでしたが、今回は能と歌舞伎で「石橋」と「連獅子」を同時に上演する試みを致しましたので、双方を多角的にお楽しみ頂けましたら大変幸甚に存じます。〉公演プログラムに載っている海老蔵の挨拶文にはこうあった。

能は公家と武家に見せるために発展し、歌舞伎は徳川時代の庶民の娯楽として出発した。現在ではともに「伝統芸能」という大きな枠に入れられているが、徳川時代、能は歌舞伎など相手にもしていなかった。現在では対立しているとか蔑視しているという関係にはないが、興行としてはまったく別のものなので、両者が共演する機会はない。人脈的にも遠いところにあったが、この公演を可能にしたのは、歌舞伎長唄《ながうた》囃子方の田中傳左衛門《でんざえもん》とその兄弟の存在が大きい。

田中傳左衛門とその弟の傳次郎《でんじろう》は歌舞伎長唄囃子方で、歌舞伎座をはじめとする歌舞伎公演での「音楽監督」であり首席奏者という役割を担っている。当然、海老蔵とは親しい。一方、この兄弟の兄・亀井広忠は能楽師葛野《かどの》流大鼓方である。この三兄弟は父が能楽師葛野流大鼓方の人間国宝である亀井忠雄で、母が歌舞伎長唄囃子方十二世田中流家元・田中佐太郎で、長男が父の家と藝を、次男・三男が母の家と藝を継いだ。この三人で三響會《さんきょうかい》というユニットを組んで、猿之助も参加しての公演もある。海老蔵はこの三兄弟の協力を得て「古典への誘い」を企画し、実現したのだ。

最初のスーツ姿でのトークは、歌舞伎の簡単な歴史やこれから上演する『石橋』と『連獅子』の関係などについて解説する、いわゆる「初心者向き講座」のようなものだった。海老蔵としては初めて能や歌舞伎を見る人にも楽しんでもらえる企画のつもりだったのだろう。だが、実際は素人向きというよりは、かなり濃密で、画期的な試みだったのである。

それなのに東京での公演がなかったので、マスメディアでは話題にはならなかったと思う。

この後も、「古典への誘い」は、毎年異なる内容で公演されているが、ほとんどが地方への巡業で、海老蔵とその一門に、せいぜい数人の役者が加わる程度の小さな座組で動いている。海老蔵はこの公演のために自分で所作台を作り、所持しており、どんな劇場、ホールに呼ばれても対応できるようにしているという。

ＡＢＫＡＩ始動

「古典への誘い」は地味な自主公演だが、「ＡＢＫＡＩ」は派手な自主公演だ。また「古典への誘い」が舞踊なのに対し、「ＡＢＫＡＩ」で上演されるのは本格的な演劇としての歌舞伎である。「ＡＢＫＡＩ」は團十郎が亡くなってから始まったが、これも存命中に話し、了解を得た上で企画したものだった。

一般に歌舞伎役者の自主公演は、歌舞伎座をはじめとする大劇場での本公演ではいい役がつかない若手が、勉強のために開く。二〇一七年現在、自主公演を毎年一回のペースでやっている役者は、尾上松也、尾上右近、中村歌昇と種之助兄弟、中村鷹之資《たかのすけ》らがいる。松也の自主公演「挑む」は二〇〇九年に始まっており、一七年で九年目になった。右近の「研の會」と歌昇・種之助兄弟の「双蝶会」はともに二〇一五年からだ。

松也はいまでこそ歌舞伎座でも主役クラスの役がついているが、自主公演を始めたころは、セリフも少ない役しかついていなかった。そういうクラスの役者が修業と知名度アップのアピールを兼ねて開くのが自主公演なのだが、海老蔵の場合は、すでに新橋演舞場などでは座頭も経験しており、知名度は歌舞伎界随一でもあるので、修業と知名度アップはいまさら不要だった。海老蔵が「ＡＢＫＡＩ」で試みているのは、家の藝である「歌舞伎十八番」のなかで上演が途絶えているものを復活させることと、新作の制作だった。

企画の意図は、〈難しそうなどの理由で縁遠く感じている若い世代の人は、そして舞台を観る機会が少ない人には、もっと気軽に足を運んで楽しんでいただきたい。〉である。

二〇一三年の第一回「ＡＢＫＡＩ」で海老蔵は、「歌舞伎十八番」のひとつだが、長く上演が途絶えていた『蛇柳《じゃやなぎ》』（松岡亮脚本、藤間勘十郎振付・演出）を復活させ（事実上の新作）、さらに日本昔話の「花咲か爺さん」に題材をとった新作『疾風如白狗怒濤之花咲翁物語《はやてのごときしろいぬどとうのはなさきおきなのものがたり》』（宮沢章夫脚本、宮本亜門演出）を作り、上演した。

「ＡＢＫＡＩ」の会場は渋谷のシアターコクーンで、八月三日から十八日までの二週間という本格的な公演だった。他の役者の自主公演が数日なのに対し、異例の長さである。

シアターコクーンでの歌舞伎と言えば、勘三郎が始めた「コクーン歌舞伎」がある。これはシアターコクーンが主催しているが、ＡＢＫＡＩは海老蔵が主催者でシアターコクーンを借りての公演だ。したがって、「コクーンでの歌舞伎」ではあるが、「コクーン歌舞伎」ではないし、翌年の「ＡＢＫＡＩ」は新橋舞場で開催される。松竹は「製作協力」という位置づけだ。

八月なので歌舞伎座では「納涼歌舞伎」が上演されており、若手役者の多くが出ていたが、「ＡＢＫＡＩ」には愛之助、片岡市蔵、上村吉弥らが共演した。

この時点で海老蔵は、今回は「花咲か爺さん」だが、いずれは他の日本昔ばなしも歌舞伎にして、ひとつの大きなストーリーにまとめて通し狂言として上演する構想を語っていた。昼の部の最初が「一寸法師」で、「鬼ヶ島（桃太郎）」で終わり、夜の部は「花咲か爺さん」で始まり「かぐや姫」で終わるというものだった。この構想は二〇一八年一月の新橋演舞場で形を変えてだが実現することになる。

「浦島太郎」と「鬼ヶ島」は二〇一五年に作られ、その前の二〇一四年には『古事記』のスサノオノミコトの八岐の大蛇退治の神話を創作舞踊劇『ＳＯＵ〜創〜』を上演した。

また「ＡＢＫＡＩ」ではないが、二〇一七年の俳優祭では海老蔵と菊之助が中心になって「かぐや姫」を『月光姫恋暫《かぐやひめこいのしばらく》』として上演している。
『疾風如白狗怒濤之花咲翁物語』で海老蔵は、犬のシロと、意地悪爺さんにあたる「得松爺」、貴寿公をつとめたが、ラスト近くでの「一緒に桜が見たかった」というセリフは、桜が咲く前の二月三日に亡くなった父・團十郎への思いが吐露されているようだった。

八月に「ＡＢＫＡＩ」を成功させた海老蔵は、九月は歌舞伎座の「花形歌舞伎」に出た。夜の部で夢枕獏の小説を原作にした新作『陰陽師』が上演され、安倍晴明に染五郎、平将門に海老蔵、滝夜叉姫に菊之助、さらに愛之助、松緑、勘九郎、七之助とまさに花形七人が揃った圧巻の舞台となった。昼の部もこのメンバーで、古典の名作『新薄雪物語』を通しで上演し、海老蔵は「花見」の秋月大膳、「詮議」の葛城民部をつとめた。

新しい歌舞伎座ではこういう座組が今後も続くのかと思いきや、その期待は打ち砕かれて、現在に至る。

十月は二年目となる「古典への誘い」だった。この年は「江戸の華」というサブタイトルを設け、前年よりも多い十三都市二十六公演となった。歌舞伎舞踊の『保名』『お祭り』と、もうひとつの古典芸能として、三味線伴奏による浄瑠璃の「清元」で『玉屋』が上演された。清元からは、清本清美太夫、一太夫、國惠太夫、瓢太夫らが出た。

こうして海老蔵は歌舞伎座新開場と前後して、ふたつの自主公演プロジェクトを始動させた。このあとさらに「JAPAN THEATER」（以下、「ジャパンシアター」）、「六本木歌舞伎」も始まり、『源氏物語』と『石川五右衛門』も改訂を重ねながら、歌舞伎座以外の大劇場で上演されていく。

この点で、父と同座しながら歌舞伎座に出る同世代の染五郎、菊之助、松緑らとは別の道を歩むことになり、菊之助、松緑とは五月の團菊祭で共演するくらいになっていく。

いまの歌舞伎が、「海老蔵の出る歌舞伎」と「海老蔵の出ない歌舞伎」とに分けられるというのは、こういう状況をいう。

相次ぐ休演

海老蔵が九月の「花形歌舞伎」の次に歌舞伎座に出たのは十二月だった。

十二月の歌舞伎座は『仮名手本忠臣蔵』だった。その前月の十一月も『仮名手本忠臣蔵』で、二ヵ月連続して同じものを違う役者で上演するという趣向だったのだ。

十一月の『仮名手本忠臣蔵』は「顔見世」と銘打たれ、菊五郎が判官と五・六段目の勘平、吉右衛門が高師直と七段目・十一段目の大星、梅玉が若狭之助と「道行」の勘平と寺岡平右衛門、時蔵が「道行」と六段目のお軽、福助が七段目のお軽、芝雀（現・雀右衛門）が顔世御前をつとめた。

十二月は全体に若返り、前月は出なかった幸四郎が大星、玉三郎が「道行」と七段目のお軽をつとめ、染五郎が若狭之助と五・六段目の勘平、菊之助が判官、七之助が顔世御前と六段目のお軽、そして海老蔵が高師直と「道行」の勘平と寺岡平右衛門だった。

当初、高師直は三津五郎と発表されたが、病気療養のため海老蔵が代役となったものだった。

この秋は役者の休演が相次いだ。八月の納涼歌舞伎を終えたあと、三津五郎は「七月の健康診断で、膵臓《すいぞう》に腫瘍が見つかり、入院加療を要するとの診断を受けたため、しばらく休む」ことになった。

仁左衛門は右肩を痛めており、九月になって、腕の骨と肩甲骨をつなぐ腱が断裂する「右肩腱《けん》板《ばん》断裂」と診断されていたが、十月の歌舞伎座での『義経千本桜』のいがみの権太はつとめ、十一月と十二月は休演することになった。

九月に翌年三月に歌右衛門を襲名すると発表した福助だったが、十一月の『仮名手本忠臣蔵』を十三日から「体調不良」で休演となり、芝雀が代役となった。

勘三郎と團十郎を喪ったばかりの歌舞伎界にさらに悲劇が襲いかかろうとしていたのである。

幸いにも仁左衛門は快復し、いまも元気に舞台に出ているが、三津五郎はいったんは復帰したものの二〇一五年二月に亡くなり、福助はその後一度も舞台に立っていない（二〇一七年十二月現在）。

賑々しく「柿葺落」をした歌舞伎座だったが、祝祭的雰囲気よりも、喪失感と不安に取り憑かれたまま、年を越したのだった。

市川海老蔵の自主公演
（二〇一二年九月より上演順）

◉古典への誘い
二〇一二年九月二十八日〜十月十四日（京都、名古屋、兵庫、広島、大分、福岡、長崎）
オープニングトーク
市川海老蔵
半能『石橋』
大獅子（観世流）、和合連獅子（金剛流、九月三十日のみ）
舞踊『連獅子』
振付：藤間勘十郎
狂言師右近　後に親獅子の精　市川海老蔵
狂言師左近　後に仔獅子の精　中村壱太郎

◉ABKAI　市川海老蔵第一回自主公演
二〇一三年八月三日〜十八日、Bunkamuraシアターコクーン
歌舞伎十八番の内『蛇柳』
脚本：松岡亮、振付・演出：藤間勘十郎、
丹波の助太郎実は蛇柳の精魂・金剛丸照忠　市川海老蔵
阿仏坊　市川新蔵
陀仏坊　市川新十郎
蛇柳の分身　市川澤五郎、山崎咲十郎、市川新次、片岡千藏、尾上音之助、上村純弥、中村蝶八郎、中村蝶七郎、大黒重治、高橋正治
住僧定賢　片岡愛之助
後見　市川升吉
新作歌舞伎『疾風如白狗怒涛之花咲翁物語。』
脚本：宮沢章夫、演出：宮本亜門
白犬・白犬後にシロ・得松爺・アカ実はシロ・貴寿公　市川海老蔵
一蔵　片岡市蔵
二太郎　市川新蔵
村人権兵衛　中村梅蔵
村人太郎作・庄屋兵右衛門　市川門松
村人（男）　澤村紀世助、片岡千藏、中村蝶八郎、中村蝶七郎、大黒重治、高橋正治
村人（女）　市川升吉、市川笑羽、上村純弥、市川澤路
虫・虫の亡霊＝市川福太郎
狐・幻影のサル・村人（男）　山崎咲十郎
狸・村人（男）　尾上音之助
猪・村人（男）　市川澤五郎
蛇・幻影のキジ・村人（女）　片岡愛一郎
兎・幻影のイヌ・クロイヌ　中村獅一
正造爺　片岡愛之助
幻影の桃太郎　市川新十郎
セツ婆　上村吉弥
知らせの役人　市川升一
下っ端役人　宮脇信治

◉古典への誘い〜江戸の華〜
二〇一三年十月五日〜二十七日（大阪、東京・浅草、高知、徳島、愛知、山梨、神奈川、東京・文京、富山、新潟、群馬、福岡、熊本）
口上
市川海老蔵
清元素演奏『玉屋』
清元菊輔社中
清元『保名』
振付：藤間勘十郎
市川海老蔵
清元『お祭り』
振付：藤間勘十郎
芸者お俊・鳶頭　市川海老蔵
田舎侍　市川新蔵
若い者新吉　市川新十郎
（大阪のみ、スペシャルトー

ク、保名）
（福岡のみ、オープニングトーク、松虫、保名）、

◉市川海老蔵第二回自主公演 ABKAI　2014
二〇一四年六月十九日～二十五日、NHK大阪ホール、刈谷市総合文化センター・アイリス・大ホール
新作舞踊『碇知盛』
作・作曲：苫舟、振付・演出：藤間勘十郎、作調：田中傳次郎
舟人実ハ平知盛　市川海老蔵
源義経　市川男寅
家臣　市川新蔵
家臣　市川新十郎
安徳帝　市川福太郎
武蔵坊弁慶　片岡市蔵
後見　市川升一、市川升吉、市川新次
新作舞踊劇『SOU～創～』
原案：三輪野十郎左衛門、作：長田育恵、演出：藤間勘十郎、演出補：畑ンネ、作曲：上妻宏光・杵屋勝松
須佐之男命　市川海老蔵
伊邪那美・山城の女官（一）　市川男寅
須佐の民（一）　市川新十郎
須佐の民（二）　市川新次
伊邪那岐の従者　市川升一
八岐大蛇　生駒利治・深見寛一他
山城護衛長　市川新蔵
伊邪那岐・山城の女官（二）　市川福太郎
山城城主　片岡市蔵

◉市川海老蔵第二回自主公演 ABKAI　2014
二〇一四年八月五日～十日、新橋演舞場
『義経千本桜』「河連法眼館」
佐藤忠信・佐藤忠信実は源九郎狐　市川海老蔵
静御前　中村壱太郎
亀井六郎　市川新蔵
駿河次郎　市川新十郎
申し次の侍　市川升一
荒法師　市川新次、坂東八重之、坂東やゑ亮、坂東やゑ六、中村京純、中村翫政
源義経　坂東亀三郎（現・坂東彦三郎）
新作舞踊劇『SOU～創～』
原案：三輪野十郎左衛門、作：長田育恵、演出：藤間勘十郎、演出補：畑ンネ、作曲：上妻宏光・杵屋勝松
須佐之男命　市川海老蔵
伊邪那岐・山城の女官・火の精　市川男寅
伊邪那美・山城の女官・火の精　市川福太郎
火の精・山城護衛長　市川新蔵
火の精・須佐の民　市川新十郎
火の精・天照大御神の使者・八岐大蛇　市川升一
火の精　市川升吉
火の精・須佐の民・八岐大蛇　市川新次
火の精・山城の女官　中村京珠、中村京由
火の精　中村京純
火の精・須佐の民・八岐大蛇　中村翫政
火の精・八岐大蛇　並木敏郎、深見寛一
須佐の民・八岐大蛇　坂東八重之
須佐の民・八岐大蛇　坂東やゑ亮
須佐の民　中村翫祐
山城城主・火の精　坂東亀三郎（現・坂東彦三郎）
火の精　中村壱太郎
八岐大蛇　坂東やゑ六

◉JAPAN THEATER
市川海老蔵が紡ぐ『和の世界』
二〇一四年十月十一～二十六日、日本橋三井ホール
仕舞『屋島』
坂口貴信
亀井広忠
朗読『平家物語』

市川海老蔵

落語『江戸噺』
古今亭文菊

歌舞伎舞踊『藤娘』
市川男寅
市川福太郎

歌舞伎舞踊『男伊達花廓』
市川海老蔵

◉JAPAN THEATER
市川海老蔵が紡ぐ『和の世界』
二〇一四年十月二十九日〜十一月二日、京都・南座

三味線「独奏」
上妻宏光

仕舞『屋島』
林宗一郎（二十九、三十、三十一日）
浦田保親（一日昼）
味方玄（一日夜）
橋本光史（二日）

朗読『平家物語』
市川海老蔵

落語『江戸噺』
古今亭文菊

歌舞伎舞踊『藤娘』
市川男寅
市川福太郎

歌舞伎舞踊『男伊達花廓』
市川海老蔵

◉JAPAN THEATER
『古典への誘い』
二〇一四年十一月十四〜十六日、シンガポール・マリーナベイサンズ

口上
市川海老蔵

落語『転失気』
古今亭文菊

半能『石橋』
シテ　野村昌司

歌舞伎舞踊『連獅子』
振付：藤間勘十郎
狂言師右近後に親獅子の精
市川海老蔵
狂言師左近後に仔獅子の精
市川福太郎

◉市川海老蔵第三回自主公演
ABKAI　2015
二〇一五年六月四日〜二十一日、Bunkamura シアターコクーン

新作歌舞伎『竜宮物語』
脚本：宮沢章夫、演出：宮本亜門、振付：藤間勘十郎
浦島太郎　市川右近（現・市川右團次）
翁、守り手組の頭、星の雫の翁　市川新蔵
金太郎　市川新十郎
鶴の恩返しのお爺さん、魚（男）　市川喜之助
鶴の恩返しのお婆さん、綿津見　市川喜昇
桃太郎のお婆さん、天海　市川猿紫
童子　市川福太郎
浦島太郎の母、太郎の母　市川右之助（現・市川齊入）
亀蔵　市川九團次
亀次　市川弘太郎
門番、魚（男）　市川升一
門番　、市川新八
潮女　大谷廣松
亀吉　片岡市蔵
魚（男）　中村獅一、市川新次
魚（女）　市川笑子、市川升吉、市川喜太郎、市川喜美介
乙姫　市川海老蔵

新作歌舞伎『桃太郎鬼ヶ島外伝』
脚本：宮沢章夫、演出：宮本亜門、振付：藤間勘十郎
赤鬼　市川海老蔵
おばば鬼　市川右之助（現・市川齊入）
黒鬼　市川九團次
童子、小桃太郎　市川福太郎
村人　市川新蔵、市川新十郎、市川喜昇、市川猿紫、市川笑子、市川喜之助、市川喜太郎、市川升吉、市川升一、市川新次、市川喜美介、市川新八、宮脇信治
黄鬼　市川弘太郎
緑鬼　片岡市蔵
青鬼　市川右近（現・市川右

團次）

◉古典への誘い

二〇一五年九月四日〜二十七日、愛知、滋賀、兵庫、宮城、山形、埼玉、東京・渋谷、東京・町田、高知、熊本、佐賀、鹿児島、宮崎、福岡

ご挨拶
市川海老蔵

『正札附根元草摺』
振付：藤間勘十郎
曽我五郎時致　市川九團次
小林朝比奈妹舞鶴　大谷廣松
後見　市川升一、中村京三郎

創作舞踊『碇知盛』
作・作曲：苫舟、振付・演出：藤間勘十郎、作調：田中傳次郎
舟人実は平知盛　市川海老蔵
源義経　市川九團次
亀井六郎　市川新蔵
片岡八郎　市川新十郎
安徳帝　秋山聡（現・市川福之助）
武蔵坊弁慶　片岡市蔵
後見　市川升一、市川升吉

新作舞踊『三升曲輪傘売』
作・松岡亮、振付・藤間勘十郎、作曲・杵屋勝松、作調・田中傳次郎
傘売り三すじの綱吉実は石川五右衛門　市川海老蔵
男伊達五尺の九郎兵衛　市川九團次
禿ちどり　秋山聡（現・市川福之助）
廓の若い者　市川升一、市川新次、市川新八、江花肇
新造誰が袖　大谷廣松
男伊達闇夜の市太郎　片岡市蔵
後見　市川新十郎、市川升吉
（十八日の熊本公演のみ〈別プログラム：トーク「特別座談会」海老蔵、舞囃子『屋島』坂口貴信・亀井広忠ほか、創作舞踊『碇知盛』海老蔵ほか）

◉EBIZO ICHIKAWA XI's JAPAN THEATER 2015

二〇一五年十月十七日・十八日、シンガポール、マリーナベイサンズ・グランドシアター

口上
市川海老蔵

歌舞伎十八番の内『嫐』
甲賀三郎兼家　市川海老蔵
三郎妾みな月　大谷廣松
乳母呉竹　中村京蔵
三郎妻久方　上村吉弥
後見　市川新蔵、上村純弥

新作舞踊『三升曲輪傘売』
作・松岡亮、振付・藤間勘十郎、作曲・杵屋勝松、作調・田中傳次郎
傘売り三すじの綱吉実は石川五右衛門　市川海老蔵
男伊達五尺の九郎兵衛　市川九團次
禿ちどり　秋山聡（現・市川福之助）
廓の若い者　市川升一、市川新次、市川新八、江花肇
新造誰が袖　大谷廣松
男伊達闇夜の市太郎　片岡市蔵
後見　市川新十郎、市川升吉

『迦具土之舞』
（予定にはなかったが、上演された）

◉市川海老蔵ジャパンシアター

二〇一五年十月二十三日〜二十六日、京都・南座

舞踊『正札附根元草摺』
振付：藤間勘十郎
曽我五郎時致　市川九團次
小林朝比奈妹舞鶴　大谷廣松

創作舞踊『迦具土之舞』
須佐之男命　市川海老蔵

半能『船弁慶』
シテ　観世銕之丞（二十四日）
シテ　片山九郎右衛門（二十三日・二十五日・二十六日）

新作舞踊『三升曲輪傘売』
作・松岡亮、振付・藤間勘十郎、作曲・杵屋勝松、作調・

田中傳次郎
傘売り三すじの綱吉実は石川五右衛門　市川海老蔵
男伊達五尺の九郎兵衛　市川九團次
新造誰が袖　大谷廣松
男伊達闇夜の市太郎　片岡市蔵

◉市川海老蔵　GRAND JAPAN THEATER
二〇一六年二月一日・二日、Bunkamura オーチャードホール、二月五日・六日、NHK大阪ホール
狂言『三番三』
茂山逸平（東京）
野村太一郎（大阪）
能『土蜘蛛』
（東京）
シテ　観世善正
頼光　梅若紀彰
胡蝶　川口晃平
ワキ　宝生欣哉
ワキツレ　殿田謙吉
ワキツレ　大日方寛
（大阪）
シテ　大槻文蔵（5日）
シテ　片山九郎右衛門（6日）
頼光　観世善正
胡蝶　林宗一郎
ワキ　福王和幸
ワキツレ　福王知登
ワキツレ　喜多雅人（5日）
ワキツレ　中村宜成（6日）
新歌舞伎十八番の内『春興鏡獅子』
小姓弥生後に獅子の精　市川海老蔵
胡蝶の精　市川福太郎
胡蝶の精　市川福之助
局吉野　市川升吉
老女飛鳥井・後見　市川新蔵
後見　市川新十郎、市川升一

◉秋の特別公演
『古典への誘い』
二〇一六年十月一日〜二十六日、鳥取、岡山、広島、熊本、大阪、北海道、東京・浅草
能楽舞囃子『安宅』
亀井広忠（二十五、二十六日、浅草）
シテ　梅若紀彰（二十五日、浅草）
シテ　片山九郎右衛門（二十六日、浅草）
（浅草以外は未確認）
歌舞伎十八の内『勧進帳』
武蔵坊弁慶　市川海老蔵
源義経　市川九團次
亀井六郎　市川右之助
片岡八郎　片岡市蔵
駿河次郎　大谷廣松
常陸坊海尊　市村家橘
富樫左衛門　中村獅童

◉市川海老蔵　古典への誘い
二〇一七年四月一日〜二十三日、埼玉、愛知、新潟、富山、金沢、豊中市、静岡、岩手、先代、鹿児島、宮崎、大分、長崎、福岡
新古演劇十種の内『身替座禅』
山蔭右京　市川海老蔵
太郎冠者　市川九團次
侍女千枝　坂東玉朗
侍女小枝　市川升吉
奥方玉の井　片岡市蔵
後見　市川新蔵、市川新十郎、市川升一
『男伊達花廓』
五郎蔵　市川海老蔵
禿　市川ぼたん
若い者　市川升一、市川新次、市川新八、太田達也
門弟　市川新蔵
新貝荒蔵　市川九團次
後見　市川新十郎、市川升吉

◉市川海老蔵第四回自主公演　ABKAI　2017
二〇一七年六月九日〜二十五日、Bunkamura シアターコクーン
『石川五右衛門　外伝』
作：樹林伸、脚本：松岡亮、演出・振付：藤間勘十郎、演出：雷海、メインテーマ作曲：上妻宏光、作曲：鶴澤慎

治、作曲：杵屋巳太郎、補曲：川瀬露秋、作調：田中傳次郎
石川五右衛門　市川海老蔵
柳生忍軍国崎三郎・祭礼の男衆　市川新十郎
柳生忍軍和田兵部・祭礼の男衆　澤村國矢
南蛮船の水夫・柳生忍軍の忍び・関所の役人・村の男　中村獅政
南蛮船の水夫・祭りの人足　坂東橘壽
南蛮船の水夫・柳生忍軍の忍び　生駒利治、浅井弘二、深見寛一、遠藤崇之、亀井翔太、石塚智司
力者・家康家臣・申し次の侍・村の男　市川右左次
力者・家康家臣・柳生忍軍の忍び　市川新次
堅田の小雀・祭礼の世話頭　中村壱太郎
宣教師マリオ・柳生家家臣原田左膳・祭礼の男衆　市川九團次
柳生のくノ一お雪・祭礼の男衆　大谷廣松柳生忍軍の忍び・関所の役人　市川新八
群衆（男）・祭礼の男衆　市川福太郎
群衆（男）・祭りの人足・村の男　市川升一、片岡佑次郎
群衆（男）・祭りの人足　中村光
群衆（女）・奥女中小笹　市川右若
群衆（女）・村の女　妃鳳こころ、森野木乃、香帆風成海、柑奈めい、岡本加奈、浜名綾子
群衆（子供）・村の男　市川福之助、市川福丸
女歌舞伎の踊り子・芸者　花柳凜、藤間咲良、利根川実里
女歌舞伎の踊り子（交互出演）・芸者（交互出演）　花柳まり草
女歌舞伎の踊り子（交互出演）・芸者（交互出演）　藤間涼花
足柄金蔵・神楽舞の男衆　前野朋哉
三上の百助・太鼓の男衆　山田純大
柳生但馬守宗矩　市川右團次
酒井忠次　片岡市蔵
徳川家康・祭礼の男衆　市川新蔵
柳生十兵衛三厳・神楽舞の男衆　中山優馬

◉市川海老蔵　古典への誘い　2017秋季公演

二〇一七年十月十二日～十一月二十五日、熊本、高知、成田、福岡・北九州、愛媛、沖縄、奈良、滋賀、兵庫、愛知・豊橋、やまぎん、郡山、川崎、松戸、茨城、群馬、長野

新古演劇十種の内『身替座禅』

山蔭右京　市川海老蔵
太郎冠者　市川九團次
侍女千枝　大谷廣松
奥方玉の井　片岡市蔵

『男伊達花廓』

五郎蔵　市川海老蔵
新造　大谷廣松
新貝荒蔵　市川九團次

第三話　歌舞伎十八番の復活

十八番復活プロジェクト

二〇一四年一月、市川海老蔵は新橋演舞場での「新春花形歌舞伎」で新しい年を始めた。昼・夜とも同じ演目の公演となり、海老蔵は「歌舞伎十八番」の『関羽』『景清』『鎌髭《かまひげ》』『解脱《げだつ》』の四つを織り込んだ実質的な新作『壽三升景清《ことほいでみますかげきよ》』で、タイトルロールとなる悪七兵衛景清をつとめた。他に中村獅童、中村芝雀（現・雀右衛門）、市川左團次が出た。脚本は川崎哲男と松岡亮、振付と演出は藤間勘十郎だった。脚本のふたりは、優れた新作歌舞伎の脚本に与えられる大谷竹次郎賞をこの作品で受賞した。

受賞理由は〈二代目と四代目、芸質の異なるふたりの團十郎が初演した作品をひとつにしたこと。それを今の観客に理解される作品にまとめ上げたこと。さらには、正月の華やかさや視覚的な楽しさもある作品に完成させたこと。歌舞伎に通じ、俳優を活かし、観客を喜ばせるという難しい条件をクリアした〉と説明された。これは海老蔵の新作歌舞伎のコンセプトでもある。

『鎌髭』は前年（二〇一三年）五月に南座で復活させていたが、それを中心にして、前後の物語も作り、長編としたのである。『壽三升景清』はこのあと、同年九月の京都・南座、二〇一六年七月の歌舞伎座でも上演された。

ここで改めて「歌舞伎十八番」について述べておく。

初代團十郎は、こんにちまで続く江戸歌舞伎の創始者と言って過言ではなく、役者にして作者・演出家（当時はそういう言葉はない）でもあった。そして二代目も多くの演目を作った。そういう代々の團十郎が作り上演してきた演目を、市川團十郎家の「家の藝」とすべく「歌舞伎十八番」と命名して十八作を制定したのが、七代目團十郎（一七九一〜一八五九）で、天保三年（一八三二年）のことだった。「十八番」と書いて「おはこ」とも読み、「得意なもの」という意味で使われる。これには十八の芝居の台本を箱に大事にしまい、他の役者には演じさせなかったからという説もあるが、否定的な意見もあり、はっきりしない。

こう書くと、いかにも数ある名作、得意な役から十八を厳選した、いまふうに言えば「ベスト18」のようだが、どうもそうではない。最初に「十八」という数を決め、それに合わせて十八を決めていったようで、そのなかには七代目が選定した時点で、台本も残ってなく、どんな芝居なのか分からないものもあった。

「歌舞伎十八番」で、現在もよく上演されるものが『外郎売《ういろううり》』、『勧進帳』、『毛抜《けぬき》』、『暫』、『助六』、『鳴神《なるかみ》』、『矢の根』の七作、たまに上演されるのが『押戻《おしもどし》』と『景清』だった。残りの九作、『嫐《うわなり》』、『鎌髭』、『関羽』、『蛇柳』、『象引《ぞうひき》』、『解脱』『七つ面』、『不動』、『不破』は、ほとんど上演されることがなかった。

「歌舞伎十八番」は、七代目が自分よりも前の代々の團十郎の藝をまとめたものだが、七代目自身のものとして「新歌舞伎十八番」を作る構想があった。しかし、七代目はそれを果たせずに亡くなり、五男の九代目團十郎が引き継いで、「新歌舞伎十八番」として三十二演目、さらに加えて四十演目を作った。九代目は「十八」という数にはこだわらなかったのだ。この「新歌舞伎十八番」で、現在も上演されるのは『鏡獅子』『素襖落《すおうおとし》』『高時』くらいで、多くはレパートリーとして定着しなかった。

市川團十郎家がこうして「家の藝」をまとめたことで、他の役者も真似をして、たとえば尾上菊五郎家は「新古演劇十種」、中村鴈治郎家は「玩辞楼十二曲」をまとめた。

当代の役者では二代目市川猿翁が熱心で、祖父二代目猿之助（初代猿翁）の藝から「猿翁十種」を選定し、さらに祖父と自分が創作した舞踊を「澤瀉十種」とし、通し狂言として復活させた十八作を「猿之助十八番」と名付け、この十八作に、自分が新演出したもの、得意な舞踊劇、スーパー歌舞伎も加えたものを「猿之助四十八撰」としている。

一方、成田屋・市川宗家では、九代目没後、幻の十八番の復活プロジェクトが始まった。これを担ったのは五代目市川三升である。この人は没後に「十代目團十郎」となる。銀行員だったが、九代目團十郎の長女・実子（日本舞踊家肩書市川流家元の二代目市川翠扇《すいせん》）と結婚し婿養子となった。九代目没後、周囲の反対を押し切って役者に転じ、市川三升を名乗って舞台にも出たが、成功したとは言えない。しかし市川宗家の後継者として、代々の團十郎の研究をし、「歌舞伎十八番」の復活にも努めた。三升が復活させたものには『不破』『解脱』『象引』『押戻』『嫐』『七つ面』『蛇柳』がある。しかしレパートリーとして定着はしなかった。

この市川三升と翠扇夫婦には子供が生まれず、九代目の弟子だった七代目松本幸四郎の長男を養子とした。この人が、海老蔵の祖父にあたる十一代目團十郎である。

十一代目は團十郎襲名から三年で亡くなってしまい、「歌舞伎十八番」復活の仕事は、十一代目の実弟二代目尾上松緑が担った。松緑は三升版とは別の脚本を作らせて、いくつかを復活させたが、これも定着はしなかった。

その次に「歌舞伎十八番」復活に取り組んだのが、十二代目團十郎と海老蔵なのである。團十郎・海老蔵父子が「歌舞伎十八番」復活に本格的に取り組むのは、二〇〇八年一月からで、この月の新橋演舞場で、海老蔵は『雷神不動北山櫻《なるかみふどうきたやまざくら》』の外題で、『毛抜』『鳴神』『不動』をひとつながりの物語として上演した。『毛抜』と『鳴神』はそれぞれ単独でよく上演されるが、二代目團十郎が一七四二年（寛保二年）に初演したときには、ひとつの大きな物語の一部だったのである。『不動』はそれだけで上演されることはなく、このときはイリュージョンの技術で宙に浮いているように見せて復活させた。

古典は守らなければいけないが、いまの観客が楽しめるものでなければならないという考えが、海老蔵にはあるようだ。十八番も大胆に作り変えていく。他の役者がそんなことをしたら古典への冒瀆と批判されるが、歌舞伎十八番を守っている宗家自身が改革しているのだ。逆に言えば、十八番の作り直しは海老蔵にしかできない仕事なのだ。

しかし、すべてを作り変えようとはしていない。『勧進帳』や『助六』のように、レパートリーとして定着しているものは、そのまま継承している。昔のままでも（とはいえ、徳川時代のままではない）観客が理解でき楽しんでいるから、いまもなおその形で上演されているわけで、それをいじる必要はない。だが上演が途絶えているものは、それなりの原因、つまり当たらなかったわけだから何らかの問題がある。であれば、作り変えてもいい。たぶん、そう考えているのだろう。

海老蔵に先駆けて父・十二代目も「十八番復活」を手がけている。まだ海老蔵を名乗っていた一九七三年八月に自主公演「荒磯会」として国立劇場で『景清』を復活させたのが最初だ。加賀山直三が脚本を書いた。この『景清』はさらに劇作家の野口達二が書き直したものが一九八四年五月に歌舞伎座の團菊祭で上演された。

その間の一九八〇年には、五月の團菊祭で『外郎売』を復活させた。『外郎売』はもともとは『押戻』同様に独立した芝居ではなく「演技形態」のひとつだったが、十二代目は野口達二に依頼し、独立した演目として上演したのだ。一九八五年の十二代目團十郎襲名披露公演は、海老蔵の新之助としての「初舞台」でもあったが、このときは父子ふたりで『外郎売』をつとめた。

次が平成になってからの一九九二年一月で、国立劇場の新春歌舞伎で『解脱』を復活させたが、これは二代目左團次が復活させたときの台本により、十二代目は、著書『歌舞伎十八番』（河出書房新社）では「検討したいところがたくさんある」としており、再挑戦したかったようだ。

このように「十八番復活」は團十郎・海老蔵父子にとって、まさにライフワークなのである。

二〇〇九年一月には、国立劇場で團十郎が『象引』を、新橋演舞場では海老蔵が『七つ面』を復活させた。いずれも、多くの役者が出る歌舞伎座の大歌舞伎ではなく、團十郎、海老蔵がそれぞれ座頭として出る公演で、家の藝の復活を試みたのだ。

二〇一一年一月には、海老蔵の「歌舞伎十八番」への思いが込められた公演が、ル・テアトル銀座で予定されていた。「市川海老蔵　歌舞伎十八番　新歌舞伎十八番　相つとめ申し候」と謳われた公演で、午前十一時からの第一部では新十八番の『高時』と、十八番の『蛇柳』の復活、午後三時からの第二部では十八番の『七つ面』と『勧進帳』、間に市川右近（現・右團次）による新十八番の『二人袴』という内容だった。

しかし、公演の一ヵ月前の二〇一〇年十一月二十五日に、海老蔵は六本木で暴行事件の被害者となり、謹慎することになったので、この公演は中止となってしまった。急遽、たまたま一月に出演予定のなかった玉三郎が、ル・テアトル銀座で特別公演をすることになり、『壇浦兜軍記阿古屋《あこや》』を上演した。

幻となった『蛇柳』はその後、二〇一三年八月の自主公演ABKAIで披露された。

その『蛇柳』の前、五月の南座での花形歌舞伎で海老蔵は『鎌髭』を復活させたのだ。

二〇一四年一月の『壽三升景清』は、前年に復活させた『鎌髭』を軸に、その前後に、『関羽』『景清』『解脱』を加えて、ひとつの物語にしたもので、『雷神不動北山櫻』が『鳴神』『毛抜』というよく上演されるものをつなげ、さらに『不動』を組み込んだのと同じ作り方だ。

新作ではあるが、古典の様式で作られていた。海老蔵は公演前の記者発表で、「『雷神不動北山櫻』にも、『毛抜』『鳴神』『不動』と歌舞伎十八番が三演目入っています。これがヒントになりました。この三演目は単独でも上演される。同じように今回の四演目も、いずれは単独でも上演され、また、ほかの俳優さんにも演じてもらいたい」と語った。

これで海老蔵が復活させた「歌舞伎十八番」は、『不動』『七つ面』『蛇柳』『関羽』『鎌髭』『解脱』と六つ、團十郎が復活させた『象引』も含めれば、七つがこの父子によって復活したことになる。『景清』も作り変えたので、ここに含めてもいい。

残るは『不破』と『嫐』だった。

『不破』は鶴屋南北の『浮世柄比翼稲妻《うきよづかひよくのいなずま》』のなかの「鞘当」の場面で知られている傾城葛城をめぐる、不破と名古屋山三郎の物語のはずで、一九三三年に五代目三升が川尻清譚の脚本で復活させたが、海老蔵は新たに作り直すだろう。『嫐』は後述するシンガポールでの公演で新作として披露する。

海老蔵を支える才能たち

二〇一四年三月は自主公演「古典への誘い」の三回目が、六日から十日までの熊本の八千代座で始まった。

この公演では海老蔵の長女、堀越麗禾《れいか》が初御目見得として舞台に出て、くまモンも登場した。そのために『芝居前三升麗賑《みますのにぎわい》』が作られたが、麗禾が舞台に出たのは八千代座だけだった。他の演目は『連獅子』と半能『石橋』（観世喜正、亀井忠雄）で、二十五日まで七都市で上演された。

続いて、京都・南座で四月五日から二十一日まで新作『源氏物語』が上演された。いうまでもなく、日本最古の小説が原作である。

成田屋の「家の藝」はもちろん「歌舞伎十八番」なのだが、それとは別に十一代目團十郎の当たり役として、光源氏と織田信長がある。このふたつは海老蔵にとっても当たり役となった。

『源氏物語』は皇室のスキャンダルが描かれているので不敬にあたるとして、戦前は歌舞伎にすることが許されなかった。『源氏物語』が歌舞伎となって大ヒットしたのは、一九五一年の第四期歌舞伎座開場の年で、三月に谷崎潤一郎監修、舟橋聖一脚本、久保田万太郎演出という、当時の文壇の大物たちが関わって上演されたときだった。このときに光源氏を演じたのが市川海老蔵、後の十一代目團十郎で「海老様」ブームが起きた。あまりに客が殺到したので、関係者が舞台を見るための監事室まで売ってしまい、劇場関係者のいる場所がなくなったという伝説がある公演だ。

以後、『源氏物語』は歌舞伎の人気レパートリーとなり、さまざまな作家によって歌舞伎化された。一九八三年五月の團菊祭で、海老蔵が「堀越孝俊初御目見得」として歌舞伎座に出たのも、舟橋聖一作の『源氏物語』（前田青邨美術監修、今日出海・戌井市郎演出）の「春宮」で、このときは父・十二代目（当時は海老蔵）が光君をつとめた。

海老蔵が初めて光君をつとめたのは、新之助時代の二〇〇〇年五月の歌舞伎座で、瀬戸内寂聴訳、大藪郁子脚本、戌井市郎演出による『源氏物語』だった。父・十二代目が桐壺帝・桐壺上皇、尾上辰之助（現・松緑）が頭中将、菊之助が若紫・紫の上、玉三郎が藤壺の宮・藤壺中宮・藤壺という配役だ。好評だったので翌年五月の歌舞伎座、二〇〇三年三月の南座、さらに海老蔵襲名披露公演として、二〇〇四年九月の名古屋の御園座、二〇〇五年六月の博多座でも上演され、当たり役となっていた。

　それから十年近くが過ぎて、海老蔵はまったく新しい『源氏物語』を作ったのである。新しい『源氏物語』は「市川海老蔵特別公演」と銘打たれてのもので、「歌舞伎」とはなっていない。歌舞伎役者が主体だが、能とオペラも融合された、独自のものとなっていた。海老蔵は「企画」としてもクレジットされ、「制作」は3TOPで、同社は亀井三兄弟の三男・雄三（田中傳次郎）が社長で、ABKAIなども制作している。松竹は「協力」という立場である。

　海老蔵はもちろん光君で、この初演では片岡孝太郎が紫式部の役で進行役的なものを担い、歌舞伎役者では尾上右近が夕顔の君、坂東亀三郎（現・彦三郎）が春宮、片岡市蔵が兵部卿宮、大谷廣松《ひろまつ》が王命婦をつとめた。さらに海老蔵の妹で日本舞踊の市川ぼたんが藤壺の女御をつとめたうえに、オペラのカウンターテナーのアンソニー・ロス・コスタンツォが藤原惟光として出て、能楽師シテ方の片山九郎右衛門、梅若紀彰、観世善正、味方玄、浦田保親、味方團が、二役・日替わり出演で桐壺帝・頭中将・六条御息所をつとめた。脚本は今井豊茂で、振付・演出を藤間勘十郎が担った。

　この『源氏物語』をはじめ、海老蔵の新作や「歌舞伎十八番」復活に大きく関わっているのが、藤間宗家・八代目藤間勘十郎である。

　藤間宗家は歌舞伎舞踊の総元締めで、大半の歌舞伎の振付を行なってきたが、当代の勘十郎は演出にも進出している。一九八〇年生まれなので、海老蔵とは三歳下で同世代の盟友だ。

勘十郎は演出にあたり、三島由紀夫が唱えた「擬古典」に共鳴して、邦楽器の生演奏を取り入れるなど、新作においても古典の色彩を醸し出すことに重点を置いている。スーパー歌舞伎などの新作では録音された洋楽器の音楽を使うことが多いが、海老蔵・勘十郎の新作は邦楽器の生演奏である。その音楽に関わっているのが、三響會の三兄弟のひとり、田中傳次郎だ。

海老蔵の「歌舞伎十八番」復活や新作は、海老蔵・勘十郎・傳次郎三人の共同作業があって成立している。

能楽とのコラボレーションは「古典への誘い」で始まり、『源氏物語』でひとつの完成をみて、さらに「ジャパンシアター」というプロジェクトにも発展していく。能楽と歌舞伎とは一般的には「伝統芸能」とひとくくりにされて近いように思われているが、興行という面で一緒になることは、基本的にはない。海老蔵がこの垣根を飛び越えられたのは、盟友・勘十郎の父が能楽師シテ方の梅若玄祥であり、歌舞伎のほか能への造詣も深いからであろう。

このように、勘十郎と傳次郎なしには、海老蔵の色彩豊かな自主企画や公演はありえない。かつて勘三郎は野田秀樹や串田和美という、一般の演劇ファンの間でよく知られた劇作家・演出家と組むことで新作を作っていたが、海老蔵はそれとは異なる形で、新作を作っていく。

後述する六本木歌舞伎は、歌舞伎とも伝統芸能とも無縁の作家とのコラボで、宮藤官九郎脚本

『地球投五郎宇宙荒事《ちきゅうなげごろううちゅうのあらごと》』と、リリー・フランキー脚本『座頭市』の二作とも、映画監督の三池崇史が演出しているが、この二作にも勘十郎が監修・振付として関わっており、おそらくは、実質的な演出も担ったと思われる。

海老蔵と玉三郎

五月の歌舞伎座は團菊祭で、「十二世市川團十郎一年祭」と銘打たれた。

それもあり、昼夜六演目のうち四演目が「歌舞伎十八番」、あるいは「新歌舞伎十八番」のもので、海老蔵は昼の部の『勧進帳』で弁慶をつとめた。第五期歌舞伎座になってからはもちろん、海老蔵にとって初めての歌舞伎座での弁慶となり、富樫は菊之助、義経は芝雀（現・雀右衛門）だった。夜の部は「歌舞伎十八番」ではないが、十二代目が得意としていた『幡随長兵衛』の名題役、水野十郎左衛門は菊五郎、女房お時は時蔵がつきあった。

他の演目は左團次の『毛抜』、松緑の『矢の根』、菊之助の『春興鏡獅子』と、三人が十八番ものをつとめ、市川宗家へリスペクトを捧げた。菊五郎は自分の家の藝である『魚屋宗五郎』を出した。

六月は十九日と二十日に、大阪のNHKホールで「ABKAI 2014」を開催した。演目として用意されたのは、『碇知盛《いかりとももり》』と新作舞踊劇『SOU～創～』だった。

七月は歌舞伎座に出た。玉三郎が座頭で、海老蔵と澤瀉屋一門（猿之助を除く）という座組だった。海老蔵は昼の部では『夏祭浪花鑑』に出て、これには玉三郎がお辰をつきあった。夜の部は玉三郎主演・演出の『天守物語』で、海老蔵は図書之助をつとめた。一九九六年の中日劇場から始まった、玉三郎と海老蔵の『天守物語』だが、どうやらこれが最後のようだ。海老蔵自身がブログで図書之助はこれが最後と書いていた。

七月の歌舞伎座は玉三郎と海老蔵が揃ったので、チケットも早々と売り切れていた。しかし、このふたりが組むことは少なくなっていく。

歌舞伎座が終わると、東京での「ＡＢＫＡＩ」が始まった。

この年は新橋演舞場を借りて、八月五日から十日まで、六月に大阪で披露した『ＳＯＵ』と『義経千本桜』の「河連法眼館」を上演した。

八月三十一日と九月一日は京都の醍醐寺の宝聚院（霊宝館）で、『歌舞音曲〜醍醐の宴』と題する公演があった。聲明、田中傳次郎の長唄『松の翁』、藤間勘十郎の舞踊『三番叟《さんばそう》』、上妻宏光の三味線独奏、海老蔵の創作舞踊『迦具土之舞《かぐつちのまい》』というプログラムで、この舞踊は『ＳＯＵ』の改訂版だった。

その翌日の九月二日から二十六日までは、南座の「花形歌舞伎」で一月に新橋演舞場で上演した『壽三升景清』を上演した。この公演から坂東薪車が海老蔵の一門に入り、市川直行を名乗った。直行はこの年の春に坂東竹三郎の藝養子を解消し、いったんは歌舞伎界から去ったが復帰したのだ。

ジャパンシアター、始まる

十月に新たなプロジェクトがスタートした。「ジャパンシアター」と題すもので、日本のさまざまな伝統芸能を見せようという企画だ。十一日から二十六日にかけて日本橋三井ホールで開かれ、仕舞、朗読、落語に、歌舞伎舞踊という構成だった。海老蔵は『平家物語』を朗読し、『男伊達花廓《おとこだてはなのよしわら》』を踊った。歌舞伎役者では他に市川男寅《おとら》が出て『藤娘』を踊った。

この日本橋での公演の最中に妻・小林麻央は癌を告知された——と、二〇一六年九月に、彼女自身がブログで明かす。

「ジャパンシアター」は京都の南座でも十月二十九日から十一月二日まで上演された。

さらに十一月にはシンガポールへ遠征した。シンガポール・マリーナベイサンズで十四日から十六日まで開催された「Japan Theater『古典への誘い』」である。口上に続き、古今亭文菊の落語『転失気』、野村昌司のシテで半能『石橋』、海老蔵と弟子の市川福太郎による『連獅子』が上演された。

福太郎は一般家庭出身で劇団に入り子役として歌舞伎の舞台にも出ていたのを、十二代目團十郎が認めて部屋子とした。二〇一三年一月の海老蔵が座頭となった浅草歌舞伎から市川福太郎を名乗り市川一門の役者となり、『勧進帳』で太刀持音若をつとめた。この後、弟も市川福之助として歌舞伎界に入る。海老蔵もまたかつて市川猿翁がそうだったように、門閥外の出身でも一門に入れることを厭わない。

海老蔵が歌舞伎座に帰ってくるのは、十二月だった。この年も十二月は海老蔵と玉三郎が中心の座組となり、他に愛之助、尾上右近、獅童、松也、児太郎らも出た。海老蔵は昼の部で玉三郎と『二人《ににん》椀久《わんきゅう》』、夜の部は海老蔵の『雷神不動北山櫻』で、玉三郎が雲の絶間姫をつきあった。

第四話　新橋演舞場という解放区

父子のドラマとしての五右衛門

二〇一五年一月の新橋演舞場「新春花形歌舞伎」は昼・夜とも、市川海老蔵主演、漫画原作者・樹林伸の原作による準新作『石川五右衛門』一作のみの興行だった。

『石川五右衛門』は樹林伸が書き下ろしたストーリーを、歌舞伎として脚色したものだ（川崎哲男・松岡亮脚本、奈河彰輔監修、藤間勘十郎振付・演出）。海老蔵は石川五右衛門で、二〇〇九年八月に新橋演舞場で初演された際は、秀吉を父・十二代目團十郎が演じた。

五右衛門という大泥棒が実在したのは確かだが、彼は素性も何もかもよく分からない。そこで、この海老蔵版では秀吉の子だったという設定となっている。

敵と思っていた男が自分の父だった――まるで『スター・ウォーズ』だなあと、初演のときは思ったものだ。秀吉と五右衛門を父子である團十郎と海老蔵が演じたので、よけいに面白かった。

初演では七之助のお茶々で、霧隠才蔵を市川右近（現・右團次）がつとめ、澤瀉屋一門が脇を支えた。二〇一二年六月に名古屋御園座で再演され、このときはお茶々は片岡孝太郎に替わった。

二〇一五年一月の『石川五右衛門』は、したがって、初演から数えて三回目だが、半分は新作でもあった。初演版でのドラマの核であった、五右衛門が秀吉の子だったという部分は、團十郎が秀吉だったからこそ生きる設定でもあったので、二〇一五年版ではその部分をかなり短くして、その後の物語を大幅に付け加えた「準新作」としたのだ。

前半は初演版の「短縮版」で、後半は初演版の「続編」ということになる。成田屋一門の役者に加えて、中村獅童を敵役として迎え、澤瀉屋の市川右近、猿弥、笑三郎、さらに片岡孝太郎などが出演した。團十郎がつとめた秀吉は右近で、御園座に続いて孝太郎がお茶々をつとめた。

後半の中国大陸を舞台にした物語では、ワンハンという敵役が出て、これを獅童がつとめた。

芝居は主役がいくらよくても、その相手役が釣り合わないと見ていてつまらない。恋愛ものであれば恋人役が重要だし、アクションものならば敵役に魅力のある役者が配されなければ、ドラマとして薄くなる。最後は主人公が勝つと分かっていても、もしかしたら負けるのではないかと思わせるくらいのパワーとオーラが敵役にも必要なのだ。

海老蔵は圧倒的な存在感を持つので、それに匹敵するパワーのある役者はそう多くはいないが、獅童はそのひとりである。

獅童は親戚は多いが、孤独な役者である。父が若くして役者を廃業したこともあり、劇界では孤児のようなものだった。そのため役がつかず、映画やテレビドラマで先に名を上げた。女性関係も派手でそのスキャンダルでの知名度もあるが、それゆえに幹部俳優は自分の公演に獅童を呼ぶことはなく、なかなか歌舞伎の舞台には立てない。しかし実力はある。獅童の歌舞伎への出演機会が少ないため、海老蔵との共演もそう多くはないが、獅童を得たときの海老蔵は躍動する。

海老蔵は歌舞伎界の保守本流の中心にいるべき存在だが、現在は父・團十郎が亡くなったこともあり、主流から外れている。そこにもともと反主流の異端である澤瀉屋一門と中村獅童も加わった形の公演だった。

さらに、前年九月に一門に加入していた市川道行がこの公演から四代目九團次を名乗り、ヌルハチ役をつとめた。海老蔵の五右衛門と義兄弟の契りを交わすという大役だったが、襲名披露とは銘打たれず、劇中での口上も何もなかった。前年十二月十二日付けで、海老蔵の名でこのように報告されていた。〈この度、松竹株式会社ならびに諸先輩のご諒解をいただきまして、私一門の市川道行に四代目市川九團次を襲名させ、當《あた》る新橋演舞場一月興行におきましてご披露申し上げる運びとなりました。〉

「九團次」は初代と二代目については詳しいことは分からないが、三代目は二代目市川左團次の門弟のひとりで関西歌舞伎で活躍し、一九五五年に亡くなった。その名跡を市川宗家が預かっており、六十年ぶりに復活させたのである。

この『石川五右衛門』での配役が物語るように、海老蔵としては、一門に自分の弟分の役がつとまる役者を求めており、九團次はそれに適役だったのだろう。

かくして、満を持しての『石川五右衛門』であった。まさに舞台狭しと暴れまわる。歌舞伎の特徴である荒唐無稽さと躍動感が前面に出た、正月らしい華やかな芝居となった。

新橋演舞場は、歌舞伎の殿堂として正月から暗い芝居を上演する歌舞伎座に対する解放区のような祝祭空間となったのである。

海老蔵と新橋演舞場

海老蔵は二〇〇六年、二十八歳の年から新橋演舞場の正月興行の座頭を任されていた。

最初の二〇〇六年は歌舞伎公演ではなく新作演劇『信長』（齋藤雅文作、西川信廣演出）で、海老蔵が信長、秀吉に甲本雅裕、光秀に田辺誠一、お濃に純名りさ、お市に小田茜という配役だった。翌月は大阪松竹座でも上演された。海老蔵とそれ以外の役者との演技力と存在感の差がありすぎたが、これは信長という人物が際立っていたことを表現するにはふさわしい配役だったのかもしれない。

二〇〇八年は第二話に記した『雷神不動北山櫻』、二〇〇九年は『義経千本桜』や『七つ面』他、二〇一〇年は『春興鏡獅子』と『慙紅葉汗顔見勢《はじもみじあせのかおみせ》』通称「伊達の十役」と三年連続して主演した。二〇一一年と二〇一二年は歌舞伎座が建て替え中だったので一月の新橋演舞場には幸四郎や吉右衛門が出ていたため、海老蔵は二〇一二年は大阪松竹座に團十郎と出て（二〇一一年は謹慎中）、二〇一三年は浅草歌舞伎に出たが、一四年以降はずっと、新橋演舞場に出演している。その公演はそうは銘打たれていないが実質的には「海老蔵一座」の公演だ。二〇一四年が第三話に書いた『壽三升景清』、二〇一五年が『石川五右衛門』、二〇一六年は『弁天娘女男白浪』と『七つ面』、二〇一七年は市川右團次襲名披露公演で、この眠っていた名跡を市川宗家として海老蔵主導で復活させ、自身は、『源平布引滝《げんぺいぬのびきのたき》』の「義賢最期」の木曽義賢をつとめた。成田屋と澤瀉屋との密な関係を示した襲名披露公演となった。

この時点で、海老蔵世代で恒常的に座頭をつとめているのは、海老蔵と猿之助のみである。猿之助は特異なポジションにいる役者なので改めて第二部で述べることにして、ここでは海老蔵の特殊性について記そう。

海老蔵が若くして座頭となっているのにはいくつかの理由がある。

まず最大の理由は、人気があり集客力があるからだ。

松竹は純然たる民間の興行会社なので、いくら名家の御曹司であっても、客が呼べない役者を座頭にした公演は打たない。もともと海老蔵は、とくに海老蔵襲名後は父・團十郎とは別行動が多く、独り立ちしていた。二〇一一年七月の謹慎明けからの一年ほどは、團十郎が監視する意味もあってほとんどの公演を一緒にしていたが、この父子としては珍しいことだったのだ。

次に、同世代のほかの御曹司、具体的には市川染五郎と尾上菊之助は、父が健在で座頭として歌舞伎座や国立劇場に出ているので自動的に同じ劇場に出ることが多く、座頭にならなくても充分に大役がまわってくる。その点、父のいない海老蔵と、父が存命ではあるが大幹部ではない猿之助は、歌舞伎座に出る機会がなく、他の劇場に出るしかない。

これは不遇ではあるがマイナスだけではない。海老蔵も猿之助も父の世代の他の役者に気兼ねせずに、好きなことをやれる立場になった。

そして最後の理由が、徳川時代から例外として「年若くして座頭をつとめていいのは成田屋のみ」という伝統だ。江戸歌舞伎は「市川團十郎」を中心にして続いてきたのだ。十二代目團十郎が亡くなったいま、團十郎家の当主である海老蔵が歌舞伎座ではないにしろ、座頭をつとめているのは伝統に従っているとも言える。

劇界と松竹に、本当に伝統を守る気があるのなら、正月興行では海老蔵を歌舞伎座の座頭とし、成田屋の伝統である「にらみ」を披露させるべきだ。

徳川時代には、團十郎信仰として、團十郎の「にらみ」を見ると熱病が治ったり、一年間風邪をひかないとの言い伝えがあり、代代の團十郎は、その要望に応えて、正月興行では「にらみ」を披露していたのだ。海老蔵は二〇一八年一月の新橋演舞場で、ひさしぶりに「口上」のなかで

「にらみ」をする。

幹部役者たちは、伝統だとか継承だとか言うわりには、そういう伝統を続けようとしない。たとえ海老蔵が歌舞伎座の正月興行に出ることになっても、主役の演目がひとつあればいいほうだろう。それが現在の劇界の秩序である。十八代目勘三郎ですら、正月は歌舞伎座で幸四郎や吉右衛門の次のポジションに置かれ、『春興鏡獅子』ばかり踊っていた。

松竹にしてみれば、海老蔵を大幹部と一緒に歌舞伎座に出すよりも、別の劇場に出して客を呼んで稼いでもらったほうがいい。その松竹の算盤勘定は、新しいことをやりたい意欲に燃えている海老蔵の思いと利害が一致する。海老蔵にしてみても、歌舞伎座に出て他の幹部に遠慮しているよりも（あまり遠慮をしない人だが）、自分のやりたいことができる劇場に出るほうがいいと考えているのではないか。

こうして海老蔵は一月は新橋演舞場で座頭公演を続けている。

二〇一五年の『石川五右衛門』では、右近以下の猿之助一門（澤瀉屋）が海老蔵を支えた。さらにこのあとも、成田屋と澤瀉屋は同座する機会が多くなっていく。

新作と古典を行き来する

『スター・ウォーズ』気分で始まった二〇一五年の海老蔵の歌舞伎は、翌二月、さらに『スター・ウォーズ』の世界へ接近した。

六本木のＥＸシアターでの「六本木歌舞伎」と銘打たれた公演で、海老蔵と獅童の主演、宮藤官九郎の脚本、映画監督三池崇史の演出で新作『地球投五郎宇宙荒事』が上演された。江戸時代に宇宙船が到来するという話で、随所に『スター・ウォーズ』や『未知との遭遇』のパロディが盛り込まれていた。

宮藤官九郎が歌舞伎を書くのは、勘三郎に頼まれて書いた二〇〇九年十二月の歌舞伎座での『大江戸りびんぐでっど』以来、海老蔵とは初めての仕事だった。演出の三池崇史は映画監督が本業で、海老蔵主演の二〇一一年の『一命』と二〇一四年の『喰女—クイメ—』を監督した。

海老蔵は三池とはこのあとも、二〇一七年の六本木歌舞伎『座頭市』で組み、さらに三池が監督した木村拓哉主演の『無限の住人』（二〇一七年）にも敵役で出演している。

前述のように、この新作でも藤間勘十郎が監修・振付で関わった。

『地球投五郎宇宙荒事』は二月三日から十八日まで六本木で上演され、八月に名古屋の中日劇場と大阪のオリックス劇場でも上演された。

六本木での『地球投五郎宇宙荒事』が二月十八日に終わると、海老蔵は二十八日から四月九日まで一ヵ月半近くにわたり、市川海老蔵特別公演『源氏物語』で全国十八都市をまわった。

最後の四月八日と九日が東京で、Bunkamura オーチャードホールだった。前年に京都の南座で初演したものを出演者を一部替えての再演だった。カウンター・テナーのアンソニー・ロス・コスタンツォが出なかったので、全体の印象がだいぶ異なった。

以後、『源氏物語』も上演のたびに変化していく。『石川五右衛門』もそうだが、海老蔵は古典では台本どおりに演じるが――その解釈はときに劇評家からは酷評されるものの――自分が作る新作については、再演する際には、かなり作り変えていく。同じものを何度もやるのをよしとしない傾向がある。そのためファンとしては、「前に観た」ものでも再演に行かなければならない。

『源氏物語』が終わると、四月十七日から二十五日まで、京都・南座で「市川海老蔵特別舞踊公演」が打たれ、『道行初音旅《みちゆきはつねのたび》』と『身替座禅《みがわり》』が上演され、海老蔵は後者と口上に出た。この公演では、市川九團次の襲名披露もなされた。

九團次の襲名演目は『道行初音旅』で佐藤忠信実は源九郎狐をつとめ、静御前には上村吉弥がつきあった。口上では大向こうの掛け声も華やかに飛び交い、海老蔵は成田屋当主として初めて臨む一門の役者の襲名披露という大役をつとめあげた。

五月は歌舞伎座での團菊祭で、この年の海老蔵は昼の部で河竹默阿彌の『天一坊大岡政談』で菊之助演じる天一坊に与《くみ》する山内伊賀亮という悪役、夜の部は自主公演で復活させた「歌舞伎十八番」の『蛇柳』を歌舞伎座で披露した。この年の團菊祭は全体に菊五郎・菊之助父子が前面に出ており、成田屋の影は薄かった。前年が成田屋色が強かったので、これでバランスをとったのであろうか。

六月はシアターコクーンでの自主公演『ABKAI 2015』を四日から二十一日まで開催した。この年は「浦島太郎」を原作にした『竜宮物語』と『桃太郎鬼ヶ島外伝』（どちらも、宮沢章夫・脚本、宮本亜門・演出、藤間勘十郎・振付）という、昔話シリーズの二本立てだった。『竜宮物語』では海老蔵は女形で乙姫を演じ、『桃太郎鬼ヶ島外伝』では鬼のひとりだった。

七月は歌舞伎座で、この年も海老蔵と玉三郎が中心の座組となり、そこに猿之助、中車、右近の澤瀉屋勢に獅童が加わった。

海老蔵は昼の部で『与話情浮名横櫛《よわなさけうきなのよこぐし》』の与三郎をつとめ、お富はもちろん玉三郎だった。夜の部は『熊谷陣屋』の熊谷直実で、相模が芝雀（現・雀右衛門）、藤の方が魁春、義経が梅玉という幹部役者に囲まれての舞台となり、やりにくそうに見えた。玉三郎と中車の『牡丹燈籠』には一場面だけ、ご愛嬌の馬子久蔵の役で出た。

八月は六本木で上演した『地球投五郎宇宙荒事』を名古屋と大阪で上演し、九月は自主公演「古典への誘い」で全国をまわり、十月は自主公演「ジャパンシアター」で、熊本の八千代座から始まり、出雲大社、日光東照宮とまわったあとは、シンガポールのマリーナベイ・サンズで上演し、最後は京都の南座だった。

「ジャパンシアター」の演目は場所によって上演されたものは異なるが、新しいものが、シンガポールでのみ上演された『嫐《うわなり》』だった。

「歌舞伎十八番」のうち、幻となっている『嫐』は、女性の嫉妬を描いたものとされ、初代團十郎が元禄十二年（一六九九年）に演じたとされる。とくに人気があったわけでもなく荒事でもないので、なぜ七代目が十八番に入れたのか分からない、謎の演目だった。市川三升が一九三六年に、二代目松緑が一九八六年にそれぞれ復活させたが、十二代目は前提書『歌舞伎十八番』で〈この芝居は上演するとよくない事が起きる縁起の悪い演目で、先輩方や父から「これはやってはいけない」と聞かされています。迷信かもしれませんが、役者は縁起を担ぎますから、私も『嫐』を復活させるつもりはありません。〉と書いている。十二代目が存命であれば止めたであろうが、海老蔵は復活させた。記者発表では「日本でなく海外で復活上演、これが、今やりたいことのひとつです。海外の方々に対して、また、新しい歌舞伎を作る上でも、ひとつの挑戦として、自分に負荷をかけて復活させます」と語った。

もうひとつの新作が創作舞踊『三升曲輪傘売』で、これはその後、日本国内でも上演されたが、『嫐』は二〇一七年十二月現在、国内では披露されていない。

こうして海老蔵は夏から秋、八、九、十と三ヵ月にわたり、東京を離れ、ときには日本すらも離れて、三種類の公演で駆けまわっていたが、それと並行して、市川宗家にとって重要な公演の準備もしていた。

交錯する父子四代

十一月の歌舞伎座は、海老蔵の祖父にあたる十一代目團十郎の五十年祭と銘打たれての興行となった。

海老蔵は興行の経済的責任を負うわけではないが、五十年祭の主宰者である。亡父・十二代目は存命中にこの五十年祭を成功させたいと願っていたそうだから、父の遺志を継いでの興行であり、さらには海老蔵の長男、二歳八ヵ月の堀越勸玄が初御目見得することにもなっていた。実は市川團十郎家が男系男子で四代続くのは、この家の三百五十年にわたる歴史のなかで初めてのことだ。

『勧進帳』をはじめとする「歌舞伎十八番」以外にも、「市川家の藝」と呼んでいいものがあり、『若き日の信長』はそのひとつだ。

この作品は一九五二年に当時まだ海老蔵を名乗っていた十一代目のために、作家・大佛次郎が書き下ろした戯曲である。外題が示す通り、織田信長の若き日を描いたもので、桶狭間の戦いに出陣するため、敦盛を舞うところで終わる。十一代目にとって当たり役となり、生涯に六回、演じている（一回が原則二十五公演）。十二代目も父・十一代目の後を継いで、九回、演じた。十二代目團十郎の襲名披露公演のときの演目のひとつでもあった。

そして海老蔵も新之助時代から数えて三回目だが、この間、市川家以外の役者は誰も演じていないので、「市川家の藝」と言っていい。海老蔵がこれまで『若き日の信長』を演じたのは、名古屋と大阪だから、東京では初の信長だ。

このときの『若き日の信長』は奇跡と言っていい名舞台となった。とくに第二幕、信長のお守役であった市川左團次扮する平手中務政秀が自害したと知った場面で、その場にはいない中務に対し、「なんで信長を捨てて死んだ……」に続く長いセリフは圧巻だった。自分を育て見守ってくれたことへの礼、なぜ死んだのかという怒り、死なせたことへの後悔──そのひとことひとことが、海老蔵自身の亡き父・十二代目への叫びとしか思えなかった。

「爺の言うとおり、行儀はよくしよう。が、根性はおれのもの」

これは海老蔵自身の宣言ではないか。そして「もう一度、笑って見せてもらいたかった。もう一度、昔のように、爺に誉めてもらいたかった」のところでは場内すすり泣きであった。

作者・大佛次郎は若き日の十一代目團十郎（当時、海老蔵）にその美貌の陰にある孤独や気高さを感じ取り、信長のイメージを重ねてこの戯曲を書いたが、その孫である海老蔵が、父を亡くして三年目にこの芝居を演じることも何も知らない。それなのに、まるでいまの海老蔵のために書かれたかのようだった。

もちろん、偶然にすぎない。しかし、その偶然はやはりひとつの奇跡だろう。

役者と役とが、その境遇を含めて一体化する例はそう多くはない。海老蔵にとっても、父を亡くして三年目という状況だからこその演技であり、数年後にまた演じるときは、このときとは違う信長になるはずだ。

映画とは異なり、その場で消えていく演劇こその奇跡のめぐり合わせを感じた。

海老蔵は大佛次郎の『若き日の信長』とは別に二〇〇六年一月の新橋演舞場と二月の大阪松竹座で新作『信長』（齋藤雅文作、西川信廣演出）を上演したが、これは歌舞伎ではなかった。さらに二〇一七年の大河ドラマ『おんな城主 直虎』でも信長を演じ、出番は少ないが強烈な印象を与えた。海老蔵主演の本格的な信長を見たいものだ。

長男・堀越勸玄の初御目見得は、このために『江戸花成田面影《えどのはななりたのおもかげ》』という当月出る役者が総出演するものが作られた。勸玄は、「堀越勸玄でございます」と挨拶をしただけだったが、万雷の拍手を浴びた。

この十一月が、小林麻央を歌舞伎座のロビーで見かけた最後だった。

十二月は京都の南座に出て『勧進帳』の弁慶をつとめた。富樫は愛之助で二〇一三年の浅草歌舞伎以来の組み合わせとなった。義経は壱太郎がつとめた。

第五話　猿之助とのクールな友情

世界へ

二〇一六年も海老蔵は新橋演舞場「初春花形歌舞伎」で一年を始めた。この年も昼夜とも同じ演目で、三日から二十四日までの二十二日間、しかも夜の部のない日が五日あった。

市川右近（現・右團次）ら澤瀉屋一門に、中村獅童を客演に招き、『菅原伝授手習鑑』の「車引」で、獅童が松王丸をつとめた。これには海老蔵は出ず、春猿（現・新派の河合雪之丞）が桜丸、右近が梅王丸、大谷廣松が杉王丸、片岡市蔵が藤原時平だった。海老蔵が主演するのは『弁天娘女男白浪』だった。五代目菊五郎のために河竹黙阿彌《もくあみ》が作ったもので、まさに音羽屋の家の藝だが、海老蔵はこれまで何度も演じている。最後に、海老蔵自身が復活させた「歌舞伎十八番」の『七つ面』を上演した。

『七つ面』は二〇〇九年一月に新橋演舞場で復活させ、同年六月に大阪松竹座で再演したが、それとはまた別のものに作り変えた。さらにこのときは、テレビアニメ『名探偵コナン』とのコラボとなり、公演中に放映された『名探偵コナン』では『七つ面』に使う面が紛失する事件が描かれ、海老蔵が本人役で声優として出演した。

二月は、東京、大阪、アラブ首長国連邦のフジャイラ、ニューヨークで「市川海老蔵 グランド・ジャパン・シアター」が開催された。演目は『三升曲輪傘売《みますくるわのかさうり》』、『連獅子』で、和太鼓や三味線の演奏なども加わる公演となった。

海外公演を終えると、三月は沖縄へ行き、二十六日に中城城跡の野外の特設舞台で『延年の舞』と『連獅子』を披露した。

その後は京都劇場で四月六日から十六日まで『源氏物語』の「第二章」を上演した。「第二章」とあるように二〇一四と翌一五年に上演されたものの続編で、「朧月夜より須磨・明石まで」となる。狂言方・茂山逸平が全体の進行をつとめた。能とのコラボで能の『須磨源氏』からヒントを得て、「龍神の舞」が舞われた。また二〇一四年にも出演したオペラ歌手のアンソニー・ロス・コスタンツォが今回は、「月影の騎士」という役で出演し、J・ダウランドの〈溢れよ我が涙〉、A・ヴィヴァルディの〈その旅人は私なのだ〉、G・F・ヘンデルの〈黙していよう〉〈残虐な苦しみを〉などを原語で歌った。歌舞伎、狂言、能、バロック音楽が融合した舞台となった。

五月は歌舞伎座での團菊祭だった。この年の團菊祭の話題は菊之助の長男、寺嶋和史の初御目見得で、夜の部最初に『勢獅子音羽花籠』と題して当月に出演する役者全員が出た。海老蔵は『寺子屋』の松王丸をつとめ、千代は菊之助、源蔵は松緑、戸浪は梅枝、『三人吉三巴白浪』は「大川端庚申塚」だけだったが、お嬢を菊之助、お坊を海老蔵、和尚を松緑と、久しぶりにかつての三之助が共演し、最後は海老蔵と菊之助の『男女道成寺』で打ち出しとなった。

六月は本公演はなかったが、予期せぬ形で海老蔵は全国注視のひととなった。九日朝、スポーツ報知が「小林麻央、進行性がんで極秘入院」とスクープしたのである。自宅にマスコミが殺到し、海老蔵は騒動の収束のため、午後に記者会見をした。

「お忙しいなか、ありがとうございます。本日、新聞で妻、麻央、病気という記事が出まして、私たち家族の間ではすでに分かっていたことなんですが、このたび、公になったことで、皆さんのご理解、ご協力が必要かなと思いまして、お集まりいただきました」と語り、妻・麻央が乳癌で闘病中であること、判明したのは一年八ヵ月前で、「病状は深刻」と伝えた。

だが、海老蔵の願いは虚しく、マスコミの報道は加熱していく。

正統と異端

七月の歌舞伎座は海老蔵と猿之助が真正面からぶつかる舞台となった。前年（二〇一五年）まで七月の歌舞伎座には玉三郎が出ていたが、この年からは出なくなる。

昼の部で海老蔵が演じたのは、『柳影澤蛍火《やなぎかげさわのほたるび》』の主人公、徳川五代将軍綱吉の側近だった柳澤吉保である。宇野信夫が書き、国立劇場で一九七〇年に初演された作品だ。国立劇場の開場は一九六六年で、当時は宇野をはじめ、大佛次郎、北條秀司、そして三島由紀夫などがこの劇場に関わり、新作歌舞伎を作っていた。そんな時代のものだ。以後、大阪では何度か上演されているが、東京では初演以来四十六年ぶりの上演となった。

『柳影澤蛍火』は、実在した柳澤吉保が主人公で、徳川綱吉やその母・二代目桂昌院も出てくるが、完全なフィクションだ。柳澤がまだ貧乏な浪人時代から物語は始まり、出世して十五万石の大名にして老中になったあと、失脚するまでが描かれる。

海老蔵自身は柳澤吉保とは異なり、生まれながらにして歌舞伎界の中心にいる。出世のために権謀術数を駆使する必要はない。しかし、そのことは柳澤吉保を「演じる」にあたり、何の障害にもならない。人を殺したことがなくても人殺しの役を演じるし、そもそも男なのに女も演じるのが歌舞伎役者だ。もちろん、役者の実人生と役柄とが重なり、奇跡的な名演が生まれることもあるが、それはまさに奇跡なわけで、何年に一度しかない。

「筋書き」などには書かれていなかったが、この『柳影澤蛍火』は成田屋とは因縁のある芝居だった。前述のように初演は一九七〇年五月の国立劇場で、柳澤を三代目實川延若がつとめ、曾根権太夫は八代目市川中車だったが、中村哲郎著『歌舞伎の近代』（岩波書店）によると、その五年前の一九六五年に、十一代目團十郎と初代水谷八重子のために宇野信夫が書いたものだという。松竹も上演準備に入っていたが、この年の十一月に十一代目が亡くなったため中止となり、それから半世紀が過ぎて、孫の海老蔵が演じたのである。宇野信夫はとっくに亡くなっているが、これを知ったら満足だったろう。

七月の歌舞伎座は、ポスターや筋書きには謳っていないが、市川猿之助の責任興行で、猿之助が座頭、海老蔵は客演という立場だった。であるから、座頭たる猿之助は、海老蔵に主役を用意した。海老蔵は、昼の部では『柳影澤蛍火』で主演し、夜の部では猿之助が主演の『荒川の佐吉』に悪役で出て、さらに市川家の「歌舞伎十八番」の『鎌髭』と『景清』で主演した。『壽三升景清』を作った際に、通し上演だけでなく、見取り上演もできるものにしたいと言っていたが、それが実現したのだ。

猿之助はというと、昼の部の『柳影澤蛍火』では敵役として出て、舞踊の『流星』では主演で宙乗りもして、夜の部は『荒川の佐吉』で主演し、『景清』にも出た。

つまり、海老蔵・猿之助のふたりとも、それぞれ見せ場がたっぷりある公演となった。こういう座組は、愉しい。劇界の裏事情など何も知らずに、舞台だけ見ても充分に愉しいが、知っていればいるで、また別の愉しみ方もある。

市川團十郎家と市川猿之助家の間には、長い歴史があり、十一代目團十郎は若い頃には初代猿翁（当時二代目猿之助）に習ったこともある。だが一九六三年の三代目猿之助襲名の際は、松竹の不手際もあり、市川宗家の当主であった十一代目團十郎を怒らせる一幕があった。間に入るひとが多ければ多いほど、忖度が忖度を呼び、両者のわだかまりは深くなる。結局、團十郎は、三代目猿之助襲名披露興行には出なかった。

しかし、二〇一二年に当代（四代目）猿之助が襲名したときには、十二代目團十郎は襲名披露興行に出て、宗家として口上を述べ、新しい猿之助と共演もした。前後して、海老蔵が座頭となって新橋演舞場などで公演する際は、猿之助一門の役者が出演するようにもなった。だが、そういう公演には猿之助自身は出ない。

これまで海老蔵と猿之助が共演したのは数えるほどしかない。もともと猿之助は伯父である三代目猿之助の一座にいたため、海老蔵との共演は二〇〇三年に退座してフリーになってからとなる。最初が二〇〇三年十一月に新橋演舞場で海老蔵（当時・新之助）主演の『宮本武蔵』が上演されたときで、猿之助（当時・亀治郎）はお通をつとめた。翌十二月の歌舞伎座でも共演し、『実盛物語』で海老蔵が真盛、猿之助は葵御前だった。二〇〇四年五月からの海老蔵襲名披露公演では、六月の歌舞伎座に猿之助も出たが共演はなかった。しかし、地方の劇場での襲名披露公演に猿之助も同座し、九月の御園座で『源氏物語』で葵の上と『助六』の白玉、十二月の南座でも白玉、二〇〇五年六月の博多座では白玉と葵の上をつとめた。さらに二〇〇六年四月の金丸座での『仮名手本忠臣蔵』五・六段目では、海老蔵が勘平、猿之助がおかる、『浮世柄比翼稲妻《うきよづかひよくのいなづま》』では海老蔵が名古屋山三、猿之助が下女お国・傾城葛城（不破伴左衛門は坂東三津五郎だった）、『色彩間苅豆《いろもようちょっとかりまめ》』では猿之助が腰元かさね、海老蔵が百姓与右衛門実は久保田金五郎だった。その次は、二〇〇七年の團十郎・海老蔵のパリのオペラ座での公演に猿之助も加わった。

二〇〇八年九月の新橋演舞場での『色彩間苅豆』を最後に共演する機会はなかった。二〇一二年の猿之助襲名披露公演でも海老蔵は同座し、口上には出たが、同じ演目に出ての共演はなかった。といっても、ふたりの仲が悪いわけではないだろう。

だが、海老蔵が市川宗家の当主となり、さらに猿之助も自分の一門のトップという立場になると、当人同士の仲がよくても、共演しにくい。歌舞伎役者は一人ひとり独立しているわけではなく、それぞれの家と一門がある。そのトップにある者は、気軽に他の一門の公演に出るわけにはいかないのだ。ファンとしては人気役者同士の共演が見たいのだがなかなか実現しない。

そもそも初代猿之助（一八五五〜一九二二）は、九代目市川團十郎の弟子だったが、破門され、赦されて復帰したという経歴のひとだ。二代目猿之助（一八八八〜一九六三）は、ヨーロッパへ留学したこともあり、翻訳劇や新作に意欲的に取り組んだ。そして三代目猿之助（現・二代目猿翁）といえば、「スーパー歌舞伎」である。当代の猿之助も、二〇一五年にコミック『ワンピース』を

「スーパー歌舞伎Ⅱ」として歌舞伎にしたのが象徴するように、新しい歌舞伎を作ることに意欲的だ。代々の市川猿之助は歌舞伎の世界において「異端」なのだ。

一方、海老蔵の市川宗家は、「歌舞伎十八番」を守り継承していく立場だ。それ以外の古典歌舞伎の多くが、明治以降でもすたれることがなく伝承されているのも、九代目團十郎の業績だ。だが代々の團十郎も、実は新作に意欲的に取り組んできた。そして、代々の猿之助も新作ばかりやっているわけではなく、古典もしっかりやっている。團十郎家は正統で伝統を守り、猿之助家は異端で新作に熱心というイメージがあるが、両家ともそれだけではない。

そして、海老蔵、猿之助ほど、古典と新作の双方に挑んでいる役者はいないのだ。

そういう歴史と背景があった上での、座頭・猿之助、客演・海老蔵という座組だった。

はたして真の関係は

『柳影澤蛍火』は、主人公たる柳澤吉保が悪人なだけでなく、その敵である猿之助演じる護持院隆光という僧も正義のひとではなく、悪僧である。綱吉の生母・桂昌院も色欲に生きる女だし、綱吉も壊れかけたひとと、登場人物は悪人と小悪人ばかり。つまり、「いいひと」は出てこない。悪と悪が対決する話で、悪と正義が戦うわけではないのだ。

柳澤と隆光の対決では、柳澤が勝つが、しかし、柳澤もすべてを失うので、柳澤からみてもハッピーエンドではない。かなりニヒリズムな芝居だ。

ふたりとも狂気を感じさせるほどの熱演をするが、一方、かなりクールな役者でもある。冷淡で冷酷な役を冷静に演じる、「冷たい炎」を感じさせる役者でもあり、この『柳影澤蛍火』は、ふたりのそういう面が発揮されていた。

貧乏ゆえの犯罪とか、貧困から這い上がり、世の中を見返してやるんだ、というような話なら、観客は登場人物に感情移入し共感できようが、この宇野信夫の芝居には、そういう面はない。観客は、悪人と悪人が闘い、より悪いほうが勝つという、救いのない話を見せられる。それを楽しむには、役者が徹底的に悪を悪として演じてもらわなければならない。海老蔵も猿之助も、冷静さをひとつの藝にして、見る者を楽しませた。また、尾上右近も運命に翻弄される女性の役を好演した。

海老蔵には出世のための権謀術数は必要ないと書いたが、現在の海老蔵の置かれている位置は、不遇とまではいかなくても、かなり厳しいのもまた事実だ。

同世代の「御曹司」である市川染五郎や尾上菊之助は父が大幹部として健在なので、歌舞伎座には年に五ヵ月も六ヵ月も出て、大役をもらっているが、海老蔵は多くても年に三ヵ月くらいだ。猿之助も歌舞伎座に出る機会は少ない。親が面倒をみてくれるわけでもなく、黙っていても親の威光でいい役が降ってくるわけでもない、この状況下、歌舞伎座で大役を演じていくにはどうすればいいか、彼らは自分で考えなければならない。権謀術数は必要なくても、戦略は必要だ。

正統のなかの正統であるはずの海老蔵と、異端という伝統を背負う猿之助は、最も遠いところにいるようでいて、きわめて近い立場にもあるのだ。このふたりが盟友関係にあることが、この月の歌舞伎座での舞台から読み取れた。

海老蔵はこの公演にあたってのインタビューで、「猿之助さんとは仲がいいのですが、お客様には『実は猿之助と海老蔵は仲が悪いのよ』と見ていただけるくらいにしたほうが面白くなると思います」と語っているが、逆に言えば、役の上では仲が悪いように見えるが、本当は仲がいい、ということでもある。

ふたりの私生活での交友については何も知らないが、毎晩のように一緒に飲んで騒いでいるような関係ではないように感じる。そういうベタベタした甘い友情ではなく、藝を認め合い、普段は別々に活動してても、お互いが相手を必要とするときは喜んで助けようという、クールな、しかし、強い絆を感じるのだ。

ひととひととの関係として、「親友だと言い合って、仲がよさそうに見えるけど、本当は仲が悪い」のと、「表向きは対立しているけど、互いに認め合っている」のと、どちらがいいか。

そんなことまで考えさせる、七月の歌舞伎座だった。

海老蔵と愛之助の五右衛門競作

七月以降の海老蔵は、九月は特別舞踊公演、十月は全国各地を中村獅童と一緒に『勧進帳』をひっさげて巡業した。七代目團十郎が作った『勧進帳』だが成田屋が巡業で演じるのは初めてのことだった。この巡業は「秋の特別公演　古典への誘い」と銘打たれていたが、海老蔵の自主公演ではなく松竹が製作するものだった。能楽の『安宅』と、妹・市川ぼたんの舞踊『賤《しず》の苧環《おだまき》』と合わせての公演だった。十月十六日には現実の安宅の関に特設舞台を作って『勧進帳』が上演された。『勧進帳』を全国各地で上演したのは七代目と九代目幸四郎だ。

十月からテレビ東京系で海老蔵主演の連続ドラマ『石川五右衛門』が放映され、十一月には博多座で『石川五右衛門』が上演された。前年一月の新橋演舞場版がベースになっており、獅童が共演したが、大幅に改訂されているので、まったく別のものとなっていた。

十二月は京都の顔見世で、久しぶりに大一座のなかに入っての出演となり、『三升曲輪傘売』と、雀右衛門の『京鹿子娘道成寺』に押戻しに出た。海老蔵も年に一回は出ていた南座は、耐震工事をすることになり使えなくなり、この年の顔見世は先斗町歌舞練場で上演された。

第六話　貴種流離譚

右團次復活の意味するもの

二〇一七年一月、新橋演舞場「壽新春大歌舞伎」（この年から「花形歌舞伎」ではなくなった）で、市川右近の三代目市川右團次襲名披露興行が行なわれた。同時に右近の長男タケルが二代目右近を襲名した。

この襲名は「世代交代」というよりも、「劇界再編」として考えたい。

澤瀉屋は市川猿之助の屋号で、その一門もこの屋号で呼ばれる。右近もいままでは澤瀉屋だったが、右團次の屋号が高嶋屋なので、以後は屋号も変わった。

「市川」姓を名乗る役者はもとをたどると、代々の團十郎の門弟だ。それゆえ、團十郎・海老蔵を「市川宗家」と呼ぶ。当代の海老蔵と猿之助の間には師弟関係はないが、初代猿之助は九代目團十郎の門弟だったので、やはり間接的には師弟関係となる。

前述のように、二〇一二年、猿之助が二代目猿翁に、亀治郎が四代目猿之助に、香川照之が九代目中車に、その子が五代目團子にという、父子三代・四人の同時襲名がなされた。半世紀前の三代目猿之助襲名披露興行には出なかった市川宗家も、このときはまだ元気だった團十郎と海老蔵とが揃って出た。その数年前から、市川宗家と澤瀉屋との関係は良好になっていたのだ。

そもそも香川照之が歌舞伎界に入るにあたっては、海老蔵が影の立役者として存在する。二〇〇六年に海老蔵は映画『出口のない海』に主演し、そのときの共演者に香川照之もいた。同映画の特別試写会が歌舞伎座で行なわれ、舞台挨拶に香川も出て、彼は初めて歌舞伎座の舞台に立った。これが、香川が「歌舞伎」を強く意識した瞬間という「物語」になっている。香川の歌舞伎界入りには海老蔵が相談に乗っていたとする報道もあった。

二〇一七年一月の右團次襲名の口上で海老蔵は「九年前、自分の結婚披露宴の折に右團次を復活しようという話を、右近さんと父の團十郎と話したことがあり、それがようやく今日、こうした形で叶い、このように嬉しいことはありません」と述べている。

海老蔵が結婚したのは二〇一〇年なので「九年前」ではないが、右團次によると、九年前の二〇〇八年に海老蔵から右團次を襲名してはどうかと言われていたという。二〇〇八年に海老蔵と右近の間でこの話が出て、それを海老蔵が父・團十郎と相談し、内定したのが二〇一〇年の結婚披露宴の場だったのだろうか。猿之助と中車の襲名は二〇一二年なので、逆算すれば二〇一〇年時点では、水面下での話がかなり進んでいたはずだ。

いったんは一門を出た亀治郎が猿之助になり、香川照之という「外にいた息子」が参入するとなると、それまでナンバーツーのポジションにいた右近が微妙な立場になるのは誰の目にも明らかだった。海老蔵としては、市川宗家の立場からも、右近をどう処遇するか考えていたのであろう。さらにはもっと大きなスケールで、歌舞伎界全体の将来を考えていたとも言える。

そこで、右近に大きな名跡を与えることで、劇界でのポジションを強くさせた。

祖父十一代目團十郎は、政治センスには欠けるところがあり、悲劇を招いたが（拙著『十一代目團十郎と六代目歌右衛門』参照）、海老蔵は、なかなか政治センスがあるのだ。

さて、その「市川右團次」だが、ほとんどの人が初めて眼にする名だったろう。

先代（二代目）右團次が亡くなったのが、戦前の一九三六年。以後、この名の役者はいなかったので、八十一年ぶりの復活なのだ。先代右團次を知っている人は、もはやほとんどいない。

右團次のルーツをたどると、幕末に活躍した名優・四代目市川小團次に到達する。

四代目小團次は七代目團十郎の門弟で、その子が明治の名優のひとり、初代左團次（養子）と初代右團次（実子）だった。他に五代目小團次もいた。

市川左團次の名跡は以後も途絶えることなく、当代左團次は四代目だが、血統はつながっていない。五代目市川門之助の長男が、いろいろな経緯で三代目左團次となり、その子が当代の左團次だ。初代左團次の娘が二代目市川松蔦《しょうちょう》と結婚し、この夫婦の養子が七代目市川門之助となり、その子が当代の門之助という関係にある。

一方、右團次は初代の子が二代目として継いだ。ふたりとも関西が活躍の場で、早替りなどを得意とするケレン味のある藝風が売り物だったという。だが二代目の子は役者を廃業したので三代目にはならず、途切れてしまった。そして、その子が当代(三代目)の右之助となった。右之助は初代右團次のひ孫にあたるし、四代目小團次からみれば玄孫《やしゃご》である。

右之助は女形の老け役なので、一般的知名度は低いが、成田屋一門に欠かせない名脇役で、五代続いている名門でもあった。しかし女形ということで右團次にはならずに今日まできた。

海老蔵は、「右近」と「右團次」は「右」が共通するし、右近は関西出身だし、師・猿之助の藝風が右團次に共通すると気づき、この襲名を思いついたようだ。

名は途絶えていたが、二代目右團次の孫にあたる右之助が健在ななかでの名跡の譲渡である。当然、右之助の承諾も必要だったはずだが、それも円満にいったようで、今月の襲名の口上には右之助も列座して挨拶した(七月に、右之助は二代目市川齊入を襲名する)。

昨今は、ほとんどが実の父子間で名跡が世襲されるが、昔は必ずしも血統にはこだわらずに襲名していた。門閥主義が定着するのは戦後のことと言っていい。そのなかで、門閥外の右近が右團次という大名跡を襲名できたのは、偶然にもよるが、非世襲の襲名として画期的である。

もっとも、その新しい右團次の子が、同時に右近を二代目として襲名したので、これはこれで新しい門閥がひとつできたことにもなる。

海老蔵という貴種流離譚

猿之助一門は、三代目が門閥にこだわらず一般家庭出身者を登用し、育てていった。右團次となった右近のほか、笑也、笑三郎、猿弥、春猿、月乃助らがその代表だ。

だが、月乃助と春猿が相次いで、歌舞伎から新派へ移籍した。市川月乃助は二代目喜多村緑郎を襲名し、市川春猿は河合雪之丞を名乗る。

週刊誌では猿之助一門に内紛があり分裂の危機だと書かれていたが、真相は分からない。その文脈では右團次襲名も一門からの独立だということになるが、右團次は独立説を打ち消している。

四代目を襲名し、一門にトップとして復帰した猿之助は、スーパー歌舞伎Ⅱ《セカンド》として『ワンピース』の歌舞伎版を上演した際には、一門以外に、自分よりもさらに若い世代の坂東巳之助や中村隼人、尾上右近らを起用しているし、歌舞伎以外の演劇に出ることも多い。一門との関係が薄くなっているように見える。

ここで海老蔵と猿之助の利害が一致した。

猿之助一門は、猿之助が外での仕事が多いので、その間、他の役者は、他の幹部役者の出る芝居で脇役をつとめるしかない。一方、海老蔵の成田屋は、團十郎の死後は海老蔵しか看板役者はいない。つまり主役不在の一門と、主役しかいない一門が生まれたのだ。

かくして、海老蔵を座頭にし、猿之助一門の猿之助以外の役者が脇を固める公演が増えた。

第五話に記したように、二〇一六年七月の歌舞伎座は猿之助が責任を持つ興行として一門が揃い、そこに海老蔵が客演する形だった。成田屋・澤瀉屋の盟友関係が宣言された公演だった。

澤瀉屋一門以外にも、海老蔵はこの数年、仲間を増やしている。

歌舞伎座に出ず、東京を離れて全国各地を巡業する海老蔵の姿に、現代の貴種流離譚を感じる。

貴種流離譚とは、漂泊の王子に次々と仲間が増えていき、王座を手に入れる物語だ。つまり、仲間が必要なのだ。

坂東竹三郎の弟子だった坂東薪車が師弟関係を解消されると、一門に入れて市川九團次とした。「破門」された役者を一門に入れたことには批判もあったが、海老蔵は我関せずに貫いた。

名門一族に生まれながらも父が役者を廃業したため、劇界では不遇な中村獅童とも、海老蔵は親しく、二〇一六年は一緒に巡業もした。

名脇役の子として生まれ、父を早くに失くした尾上松也にしても、海老蔵が飛躍のきっかけを作っている。さらに、尾上右近、中村児太郎、中村壱太郎、坂東巳之助といった若手も起用している。

猿之助一門では、右團次の他、猿弥も海老蔵の公演には欠かせなくなっている。

門閥主義の象徴である市川宗家の御曹司たる海老蔵が、門閥外の役者、あるいは不遇な役者と共演し、一座に引き入れているのは、まさに貴種流離譚だ。

戦後の歌舞伎界は菊五郎劇団・吉右衛門劇団が中心にあり、異端として猿之助一門がいた。

海老蔵の祖父である十一代目團十郎は自分の劇団がなかったので、菊五郎劇団に客分として出演していたが、團十郎襲名後、国立劇場開場にあわせ、劇界を再編して團十郎劇団を旗揚げする計画を抱いていたと伝えられている。しかし、急死したため果たせなかった。

海老蔵が祖父が描きながらも幻となった「團十郎劇団」計画を意識しているのかどうかは分からないが、いまの動きは、自分の劇団を作ろうとしているように見える。

第七話　歌舞伎座凱旋

歌舞伎座大歌舞伎での座頭

どんな名優も子役には勝てないと言われる。

映画やドラマには子役は欠かせず、たしかに、みな上手い。ドラマの中の子供はかわいそうな境遇に置かれている設定が多いので、それを演じる子役は見る者を泣かせる。

その役としてのセリフや表情や仕草に感動するだけでなく、子供なのにちゃんと演技をしていることに驚嘆して感動し、さらに、一生懸命に演技をしている健気さにも泣かされる。

子役は、どこまで演技と意識してやっているのか分からず、見るほうも、虚構としての子供に感動しているのか、子役の演技に感動しているのか、分からなくなる。

二〇一七年七月の歌舞伎座は、四歳の男の子が客席を沸かせた。

堀越勸玄、市川海老蔵の息子である。彼への感動は、しかし、普通の子役への感動とは、かなり異なる。役名は「白狐」で、狐の精霊なのだろう。衣装も付け、セリフもある。休憩を挟んで四時間弱の長い芝居のなかでほんの数分の出番で、花道を走って登場し、立ち止まって、名乗り、舞台に出て、父・海老蔵に抱かれて宙乗りをする。

それだけなのに、場内は割れんばかりの拍手だった。

観客は彼の白狐の演技に感動しているのではないだろう。幼い子が一生懸命にやっているので応援のための拍手でもないように思う。人びとは「白狐」を見ているのではなく、あくまでも「白狐として登場した勸玄くん」を見ていた。たしかに可愛らしい顔立ちだが、それに感動しているのでもない。客席にいる誰もが、この四歳の男の子がどういう生まれで、どう育ち、いま、どんな境遇にあるかを知っていて、拍手をしていた。といって、母を失くして可哀想だと同情して拍手を送っているのでもなかった。

彼が「そこにいる」ことに拍手を送っていたのだ。

演劇あるいは芸能ごとには宗教性があるが、まさに神と天使が昇天していくのを見るように、人びとは海老蔵と勸玄君を仰ぎ見ていた。

ワイドショーや女性週刊誌では、これを涙の感動物語に仕立てていたが、客席は明るい雰囲気だった。すぐに幕間となり、客席もロビーも「無事に宙乗りできてよかった」という安堵と、「それにしてもかわいい」という単純な感想に包まれ幸福感に満ちていた。

演劇としては、正しいあり方ではない。しかし、こういうのも歌舞伎の魅力なのだ。

歌舞伎が他の演劇と異なる点は、たとえば女形とか、いるけどいない黒子の存在とか、いろいろあるが、役者の子の「初御目見得」とか「初舞台」そのものが演目となるのも、歌舞伎ならではといっていい。

この『駄右衛門花御所異聞』での堀越勸玄の登場は、歌舞伎以外の演劇では考えられないものだった。当初は出演を予定していなかったが、チケットの前売りが始まる直前に松竹から強い依頼があり実現したという。だから、まさにとってつけたようなシーンなのだ。

近代演劇の理屈から言えば邪道である。近代の演劇とは作者がいて、作者が訴えたいテーマがあり、それに基づいて書かれた優れた台本があり、それを優れた演出家が知識と才能を絞り出して舞台を作り、名優が持てる技術と精神のかぎりをつくして入魂の演技をするものだ。そうでなければならない。

しかし近代演劇の原理とは別の原理というか道理で動くのが歌舞伎なのだ。

歌舞伎にも近代演劇として作られ、演じられるものもあるが、『駄右衛門花御所異聞』は、二〇一七年の新作でありながら、近代以降の演劇の原理では作られていない。それが海老蔵の考える新しい歌舞伎なのだ。

海老蔵が歌舞伎座に座頭として出るにあたって考えたのは、昔ながらの歌舞伎を昔ながらの作り方で、しかし、最新の舞台技術を駆使して飽きさせないようにする、というものだったのだろう。

「古典歌舞伎を作る才能がある方々に集まっていただき、新たなもの、古典でも新しいもので、面白く、誰にでも分かりやすく、そして後世に残る作品を作る」とインタビューで答えている。

ここにいたるまでに、何が海老蔵と歌舞伎座にあったのか。

以下、二〇一七年の海老蔵と歌舞伎座の動きを振り返ってみよう。一月についてはすでに前話で記したので、二月から振り返る。

歌舞伎女優の誕生

二月、六本木のＥＸシアターでは、海老蔵主演による六本木歌舞伎の二作目『座頭市』（リリー・フランキー脚本、三池崇史演出）が上演された。寺島しのぶが相手役、市川右團次が敵役をつとめた。

この公演は、「歌舞伎女優が誕生した」という意味で、歴史に残る公演になるかもしれない。「女優が歌舞伎に出ている」という次元ではないのだ。

歌舞伎は男性が女性の役も演じる「男だけの世界」だ。たとえ名優の子として生まれても女性は歌舞伎役者にはなれない。それゆえに寺島しのぶは、歌舞伎役者の家に生まれ、歌舞伎が大好きな少女だったのに、歌舞伎を断念して、新劇の文学座に入った（四年で退団）。その無念さが秘めたエネルギーとなって静かに燃えている。寺島は早替りの二役など、歌舞伎独特の演技パターンを自然にこなす。コクーン歌舞伎や猿之助の公演などに歌舞伎以外の俳優が出ることがあるが、そこで感じる「よそ者感」がまったくなかった。歌舞伎が自分のものとなっている。これだけの女優を歌舞伎が使わないのはもったいない。少なくとも、この「六本木歌舞伎」には毎回出てほしいと思った。

海老蔵演じる座頭市は、勝新太郎の映画でおなじみのキャラクターを踏襲しているが、観客の大半は「勝新の座頭市」を知らない世代だと割り切っているようで、とくに似せようとはしていない。勝の座頭市は唯一無二のものなので、それで正解だ。

海老蔵といえば「にらみ」であり、その目力《めぢから》が売り物だが、盲目の役なので目力を封印して挑む。当然、抑制された演技となり、家の藝である荒事のパワー全開とはいかないが、シャープな立ち回りを見せた。その一方で海老蔵のユーモラスな面とやさしさとが、いつになく出ていた。濡れ場は台本には何も書かれてなくふたりのアドリブだったというが、とにかく海老蔵と寺島の息が合っていた。

帰ってきた助六

三月の海老蔵は歌舞伎座に出て、「歌舞伎十八番」の『助六』をつとめた。海老蔵が歌舞伎座に出るのは前年七月以来だった。また、歌舞伎座新開場の二〇一三年以来の『助六』だったし、三月に歌舞伎座に出るのも珍しいことだった。

たいがいの劇評家は海老蔵が古典を演じると批判するのだが、それでも『助六』だけは認めていた。家の藝である「歌舞伎十八番」のなかでも、あまりにも海老蔵に適役で、まさに助六を演じるために生まれてきたかのような圧倒的な華やかさが、藝が未熟だの発声がなってないだのという不満をはね飛ばすからだ。

もともと『助六』は西洋近代演劇的な意味でのドラマがあるものではない。脇役を含めた出演者全員の、演技力というより存在感がすべてという演目だ。

助六には、日本一の色男としての華やかさ、ケンカばかりしている不良少年としての荒っぽさ、そしてケンカをする理由を隠し持つ暗い陰と、ひとに好かれるユーモアが求められ、海老蔵の助六にはそうしたものがすべてあった。まさに舞台にいるだけで、「助六を演じている」のではなく、「助六を生きている」ようだった。それは演劇のあるべき姿とは違っているのかもしれないが、それこそが近代演劇とは異なる次元で成立する、「傾奇者《かぶきもの》」として始まった歌舞伎の魅力だと思わせる。スター主義の演劇でなければ成り立たないものが、海老蔵の助六にはある。

揚巻は女形の役者にとってのひとつの目標の役で、雀右衛門はようやくこの公演で大役を射止めた。先代の雀右衛門は團十郎・海老蔵二代の『助六』で揚巻をつとめたので、その継承も見どころだった。しかし、見るほうの脳裡には、玉三郎の揚巻のイメージが強く残っており、それを払拭させる、新たな揚巻にはならなかった。これはないものねだりでしかないのだが。

四月の海老蔵は自主公演「古典への誘い」で全国各地十四の劇場をまわった。

こうして五月に團菊祭を迎えた。

いまや海老蔵と菊之助が共演するのも五月の團菊祭だけとなり、この年は昼の部は『吉野山』でふたりが舞台に並び立ち、夜の部は『伽羅先代萩』で、菊之助が政岡、海老蔵が仁木弾正だった。しかし海老蔵と菊之助は同じ演目でも出演する場面が異なるので共演ではなく競演だった。

だがこの月も芸能ニュース的には、寺島しのぶの四歳の息子・寺嶋眞秀《まほろ》の「初御目見得」が話題となった。尾上菊五郎・富司純子の孫にあたるからだ。

眞秀は、昼の部『魚屋宗五郎』に、セリフのある「丁稚」の役で登場し、花道をひとりで歩いて往復した。この團菊祭のもうひとつの話題は、坂東彦三郎家の三代・四人同時襲名だった。

六月の海老蔵は、渋谷のシアターコクーンでの自主公演ＡＢＫＡＩで、『石川五右衛門外伝』を上演中だった。樹林伸の原作、松岡亮の脚本、藤間勘十郎の演出・振付、雷海の演出で、「外伝」とあるように、これまでの物語とはまったく別のストーリー、登場人物となっていた。ねぶたも登場し、祝祭感覚に満ちた舞台だった。息子の勸玄と娘の麗禾も、「気が向いたら」通行人として出るという、自主公演ならではの趣向もあった。そして——。

二〇一七年六月二十二日を迎えた。

いつの頃からか、朝起きたら、海老蔵と小林麻央のブログをチェックするのが習慣になっていた。数日前から小林麻央のブログが更新されていなかったので、どうかしたのかなと思いながら、この朝も、タブレットで海老蔵ブログを開くと、〈人生で一番泣いた日です。〉との文字が飛び込んできた。私が見たのは九時前だったと思うが、更新の日時は六月二十三日七時五十四分二十八秒となっている。数行の空白のあと、〈マスコミの方々も／お察しください。／改めてご報告させていただきますので、／近隣の方々のご迷惑になるので／ひとまずおかえりくださいませ、／宜しくお願い致します。〉とあった。

その言葉どおり、海老蔵は午後二時から、公演中のシアターコクーンで記者会見をし、妻・小林麻央が旅立ったと伝えた。

予想はしていたので、驚きはなかった。だが、それと悲しみとは別のものだった。その日は、何も仕事の手がつかなかったのを覚えている。

役者の私生活と舞台との融合を増幅させたのは、中村勘三郎一家のテレビのドキュメンタリーだ。当初、勘三郎としては、公演の宣伝にもなるし、舞台ができるまでを映像で記録しておくのも役に立つと考えて、ドキュメンタリーを作ることに同意したのだと思う。だが、いつしかそれは「歌舞伎の作られ方」でも「役者の稽古の記録」でもなく、ファミリーの物語として消費されるようになってしまった。

勘三郎一家の次にドキュメンタリーの素材となったのが、海老蔵と妻・小林麻央だった。このふたりは初めて会う瞬間からテレビカメラが捉えていたという、史上稀なカップルである。結婚直後に海老蔵は事件に巻き込まれ、それを乗り越える物語があり、長女の誕生、父・團十郎の死、長男の誕生、それぞれの初御目見得と、物語は続いた。さらに予期せぬ悲劇が襲い、この物語は当初にはない展開をしていった。

その家族の物語と並行して、海老蔵は舞台に出続けていた。

そして七月——現実の家族の物語と、虚構である歌舞伎とが、歌舞伎座の舞台で融合する。ここに現代のメディアと役者と観客との関係が凝縮されていた。誰もがあの四歳の男の子のことを知っているのは、メディアが連日報じたからだ。まっさらな気持ちでこの子を見ることなど不可能なのだ。そして、芝居はその前提で作られていった。

近代演劇というガチガチの枠組みからある意味で自由な歌舞伎こそが、より新しいメディアに対応し、そのなかで生きているようだ。

若い俳優の多くがブログを開設し、好き勝手なことを書いている。それを率先しているのが、名門中の名門、市川宗家の海老蔵なのだ。

常に新しいメディアに乗ることこそが、歌舞伎が続いている理由でもあるのだろう。

こうして七月の大歌舞伎を迎えた。

二〇一五年十一月の歌舞伎座「吉例顔見世大歌舞伎」も「十一世市川團十郎五十年祭」で、海老蔵が座頭と言えなくもなかったが、あの月は菊五郎、幸四郎、仁左衛門、藤十郎も揃う、まさに顔見世だったので、海老蔵がすべての演目に責任を負っていたわけではない。

この七月大歌舞伎が、初めての「歌舞伎座」での「大歌舞伎」での座頭だった。

歌舞伎座新開場から五年目にして、ついに海老蔵の時代が始まろうとしているのだ。

現代的な「昔ながらの歌舞伎」

七月の歌舞伎座の昼の部は『矢の根』で始まった。これには海老蔵は出演しないが、この演目は、市川家の「家の藝」たる「歌舞伎十八番」のひとつだ。主役の曽我五郎は一月に襲名したばかりの市川右團次がつとめた。

次が『加賀鳶』で、海老蔵は二役。父・十二代目團十郎が何度も演じた役で、海老蔵としては初役だ。この演目は、海老蔵の一門の重鎮で名脇役の市川右之助の二代目市川齊入襲名披露でもあった。

昼の部最後は『連獅子』で、海老蔵が親獅子、坂東巳之助が子獅子だった。巳之助もまた父・十代目坂東三津五郎を二〇一五年に失くしている。海老蔵は何度か三津五郎とは共演し、新境地を開かせてくれた恩人でもあるので、その恩返しとしての起用だろう。巳之助は夜の部も活躍した。

このように昼の部では、一時間前後の、何の関係もないものを三演目並べるという、ここ百年くらいで作られた伝統的な興行形態をとった。

しかし、夜の部ではひとつの作品を最初から最後まで見せるという、他の演劇では当たり前だがいまの歌舞伎では珍しく、あえて「通し狂言」と銘打つ興行とした。もっとも、徳川時代にはこれが当たり前だったので、真の伝統へ回帰したとも言える。

その夜の部『駄右衛門花御所異聞』は、ここ数年の海老蔵の活動のひとつの集大成となるものだった。

父を失くしてからの海老蔵は、着々と自分の劇団ともいうべき一座を作るべく布石を打っていった。一門のトップ、そして座頭たる者は、自分の藝を磨くだけではだめなのだ。一門や客演してくれる役者の置かれているポジションを見きわめ、配慮し、盛り立てていかねばならず、いわゆる「役者バカ」ではつとまらない。

海老蔵が推し進めているひとつは、一門以外の役者を公演ごとに引き入れ、一座として役者の層を厚くしていくことで、右團次、市川中車をはじめとする澤瀉屋一門を組み入れ、この月は巳之助や中村児太郎も起用した。本来は中村獅童も出るはずだったが、病を得て、出られなくなった。

もうひとつは、歌舞伎以外の演劇人とのコラボで新作を作ることでのレパートリーの拡充である。二〇一七年に限っても、二月にＥＸシアター六本木で『座頭市』、六月には自主公演「ＡＢＫＡＩ」で『石川五右衛門外伝』を作った。

七月の新作『駄右衛門花御所異聞』は新進気鋭の劇作家に依頼したのではなく、これまでの新作とは別のアプローチでの作るものだった。

タイトルにある駄右衛門は実在した大泥棒、日本駄右衛門のことで、歌舞伎では白浪五人男の『青砥稿花紅彩画《あおとぞうしはなのにしきえ》』でもおなじみだ。

二百五十年前に、それとは別に『秋葉権現廻船語』という駄右衛門を主人公にした芝居があったが、長く上演が途絶えていた。この芝居は徳川後期に七代目團十郎が演じているので成田屋にも縁がある。この芝居の当時の台本をベースに、まったく新しく書き替えて復活させたのが、

『駄右衛門花御所異聞』で、実質的には新作だ。

歌舞伎はいまも新作が作られている。十八代目勘三郎が野田秀樹や宮藤官九郎と組んでまったく新しいものを作ったり、串田和美の演出で古典を新解釈していたり、市川猿之助が『ワンピース』を歌舞伎にするなどがその代表だ。先代の猿之助のスーパー歌舞伎も新作路線の代表である。

海老蔵は前述の『座頭市』『石川五右衛門』では歌舞伎外の演劇人と組んでいたが、今回の新作は、歌舞伎専門の補綴《ほてつ》・演出家である織田紘二、石川耕士、川崎哲男と、海老蔵の盟友たる藤間勘十郎が協同して作った。この四人は歌舞伎の熱心なファン以外には、ほとんど知られていないだろう。複数の座付き作家が協同で作ることが、まず昔ながらの歌舞伎の作り方だ。

基本のストーリーは歌舞伎でおなじみのお家乗っ取りの話で、さまざまな古典の名場面を模した場面でつないでいく。

つまり海老蔵のコンセプトは「昔ながらの歌舞伎」を「昔ながらの方法」で作るというものなのだが、単なる復古調ではない。ストーリーもセリフも古典なのだが、舞台装置や照明には最新技術を使い、テンポも速くして、飽きさせないようにするというものだ。

海老蔵は一人三役で、そのうちの二役は早替わりで演じた。

そして最大の見せ場となるのが、勸玄との宙乗りだった。

ストーリー上は、勸玄演じる「白狐」はいなくてもいい。しかしそれが結果的に最大の見せ場となってしまう、この融通無碍《ゆうずうむげ》なところが、歌舞伎らしいといえば歌舞伎らしく、これもまた「昔ながらの歌舞伎」である。

『駄右衛門花御所異聞』には人生とは何かとか、家とは何かとか、そういう深刻なテーマはない。緻密なストーリーもない。その場その場が面白ければいいという作り方だ。悪く言えばパッチワークのように、いろいろな歌舞伎の名場面をつなぎ合わせているので、歌舞伎を見た、という満足感も味わえる。

前述の巳之助に加え、中村児太郎も重要な役に起用され、見事にこなした。海老蔵は自分よりも若手に、活躍の場を与えてもいる。

ある画期的な出来事

歌舞伎座は、おそらく大劇場としては世界で最も稼働率の高い劇場だ。歌舞伎公演は毎月二十五日間、午前十一時からの「昼の部」と、午後四時半からの「夜の部」が毎日上演される。一日に二回上演することは他の劇場でもよくあるが、歌舞伎座の場合、昼と夜はまったく異なるものを上演し、これが常識となっている。だが、こういう上演形態は松竹の歌舞伎だけだ。

歌舞伎座だけでなく、松竹による歌舞伎公演はみな昼夜・二十五日間興行を基本としている。役者のなかには昼夜とも出ずっぱりの者もいるから、体力的にも精神的にも負担はかなり重いだろう。裏方のスタッフも、休みはない。

一方、興行会社である松竹としては、休演日を設ければ収入減となるので、休みたくない。昼の部か夜の部のどちらかを休めば、チケット代だけで単純計算で約三千万円の減収となり、弁当や食堂、お土産屋の売り上げも減る。そのため、ずっと昼夜二部制・二十五日間興行が伝統となっていた。

実は半世紀前、この昼夜二部制に異議申し立てをした役者がいた。海老蔵の祖父、十一代目市川團十郎である。負担が重すぎるというのが、その単純にして明快な理由だった。十一代目が團十郎を襲名したのは一九六二年四月だが、その直前の一月二十八日に、四代目中村時蔵が三十四歳の若さで急死した。前日まで舞台に出ていたのに、その日の朝、亡くなったのだ。時蔵は二年前の一九六〇年に襲名したばかりで、以後、休みなしに舞台が続いていた。いまなら「過労死」と言われても不思議ではない死だった。

歌舞伎の公演は二十五日に千穐楽を迎えると、翌月一日が初日で、その間に一回か二回しか舞台で全員揃ってのリハーサルはない。それまでは各自が当月の公演に出演しながら、来月、再来月の公演のセリフを覚え、場合によっては先輩の役者のもとへ教えを乞いに行く。そういう過酷な日程で役をつとめている。時蔵は亡くなる直前に、「本当は二月は休みたいが、もう役がついているので休めない、でも三月と四月はゆっくり休むつもりだ」と母に話していた。自分でも限界に近いと感じていたのだ。

時蔵が亡くなると、昼夜二部制を譲らない松竹への批判の声が出た。しかし十一代目團十郎が二十五日間の昼夜二部制の改善を求めても、他の役者たちは、松竹に気兼ねしたのか同調せず、彼は孤独な闘いを強いられた。松竹は強気で、二部制は続いた。

結局、この体制が改善されるのを待たずして、團十郎は一九六五年十一月に胃癌に冒され五十六歳にして亡くなった。以後、誰も昼夜二部制・二十五日間興行に異を唱える者はいなかった。少なくとも、表にはそういう声は出なかった。

それが十一代目團十郎の死から半世紀が過ぎて、その孫によって、歌舞伎座に休演日を設けるという大改革が実現したのだ。昼夜一回ずつ、休みの日を設けるというささやかな改革ではあったが、これまでは休演日ゼロだったのだから、この一歩は歴史的に大きい。

海老蔵は「夜の部」が休演となる十二日のブログに、

〈今日は／歌舞伎座史上初の夜の部お休み。／歴史的快挙と私はおもう。／そして／これが続く事が／未来の歌舞伎役者のためであり／お客様のためでもある。／そうおもいます。〉と綴った。

松竹からは何の説明もないが、休演日の設定が海老蔵の強い要請で実現したことは、このブログから分かる。さらに八月以降は休演日が設けられていないことからも、海老蔵だけが強く求めていることと、海老蔵が座頭ではない月には、松竹が休演日を設けるつもりがないことが分かる。

海老蔵はこれまでも新橋演舞場での一月興行でも休演日を設けていた。歌舞伎座ではこれまでに座頭をつとめたことがなかったが、七月は初めて歌舞伎座で昼・夜ともすべての演目に責任を持つ座頭となったので、これを機会に、休演日を設けるよう強く求めたのであろう。人によっては、これを海老蔵のワガママと言うだろう。だが、彼が言うように、歌舞伎役者に、身体的・精神的に休養をとらせることは、長期的にみれば、歌舞伎全体のため、さらにはファンのためにもなるはずだ。

「休演日」があったこともさることながら、実は、「海老蔵が歌舞伎座で座頭をつとめた」ことも、事件ではあった。

歌舞伎座は一年十二ヵ月のうち、「座頭」が明確なのは、五月の團菊祭（現在は團十郎がいないので尾上菊五郎）と九月の秀山祭（中村吉右衛門）の二ヵ月で、八月の納涼歌舞伎は若手中心の座組で、ここ数年は市川染五郎と市川猿之助、中村勘三郎と七之助が中心になっている。それ以外の月は、菊五郎、幸四郎、吉右衛門、仁左衛門、梅玉という大幹部のうち二人か三人が交互に出る、いわば集団指導体制が続いており、誰かひとりがその月の興行の責任をとる形にはなっていない。

そのなかにあって七月は長年、三代目猿之助（現・猿翁）が座頭の責任興行の月だったが、二〇〇三年に三代目猿之助が病に倒れてからは、猿之助の一座を玉三郎が率いる形の公演が多く、そこに海老蔵が客演することもあった。このように、もともと七月は海老蔵が出ることが多かったのだ。

そしてついに二〇一七年七月に、海老蔵が文字通りの座頭として、昼夜に奮闘（たくさん出演するという意味）する、名実ともに「成田屋の月」となった。

座頭となった海老蔵は、公演内容や出演者を決める立場を得ると、昼夜一回の休演を求め、松竹としてもその条件を呑まざるをえなかったということだろう。世の中全体が「働き方改革」の流れにあるのも、あと押ししたのかもしれない。

こうして海老蔵は歌舞伎座に凱旋した。

八月は六本木歌舞伎『座頭市』の大阪・名古屋公演、九月は本公演はなく、十月・十一月は「古典への誘い」で全国を巡業した。

二〇一八年一月は新橋演舞場で、これまでに「ＡＢＫＡＩ」で作った昔話のシリーズに、「かぐや姫」「一寸法師」を加えて、ひとつにまとめた通し狂言『日本むかし話』を上演する。さらに、病気を拡幅した中村獅童主演の『天竺徳兵衛韓噺《てんじくとくべえいこくばなし》』と新歌舞伎十八番『鎌倉八幡宮静《しずか》の法楽《ほうらく》舞《まい》』を藤間勘十郎の振付で作り直し、河東節、常磐津、清元、竹本、長唄の五種類の音楽を奏で、海老蔵は七役を演じる。さらに口上では「にらみ」をすることになっている。これは毎年恒例としてほしいものだ。

二月は歌舞伎座の高麗屋襲名披露公演に出て、二〇一二年三月に平成中村座での勘九郎襲名披露公演以来となる歌舞伎十八番『暫』と、『仮名手本忠臣蔵』七段目を菊之助のお軽で平岡平右衛門勘を玉三郎・仁左衛門と日替わりでつとめる。その次は『源氏物語』「第二章」の再演が各地をまわる。

そして――同世代の染五郎が幸四郎を襲名したこともあり、二〇二〇年に海老蔵が團十郎を襲名するのではとささやかれている。

新しい時代が名実ともに始まろうとしているのだ。

幕間

玉三郎スクール

【スクール school】

（特殊技能を教える）学校、専門学校、各種学校、教習所、練習所、養成所

（学問・芸術の）派、流派、学派

（習慣・考え方の）流儀

――「プログレッシブ英和中辞典」より

坂東玉三郎は、女形として当代一であり、誰もが第五期歌舞伎座の立女形となると思っていた。

「立女形」、すなわち女形のトップである。公式、正式なポジションではないが、暗黙の了解として、その時代には立女形と呼ばれる役者がいた。一九五一年に第四期歌舞伎座が開場してからは、中村歌右衛門が二〇〇一年に亡くなるまで半世紀にわたり、唯一絶対の立女形だった。その歌右衛門帝政が終焉を迎え、誰もが玉三郎こそが歌舞伎座の、すなわち歌舞伎界全体の立女形と認め、これからは毎月のように歌舞伎座の舞台に立つのではと期待していた。

だが、新開場公演の演目と配役が発表された時点で、玉三郎が新しい歌舞伎座にはあまり出る意思がないことは、ぼんやりとではあったが、感じとれた。他の大幹部たちが最初の三ヵ月間（四、五、六月）連続して出ていたのに対し、玉三郎だけが六月は出なかったからだ。

その後も玉三郎の歌舞伎座への出演機会は少ない。その少ない機会は、単に「玉三郎が出る」だけでなく、舞台の上で同じ時を過ごすことで次世代の役者に何かを伝える、一種のスクールとなっている。

やがてこの玉三郎スクールは、劇界で一大派閥となるかもしれない。

歌舞伎座に出ない立女形——二〇一三年

歌舞伎座新開場「柿葺落」での坂東玉三郎は、四月の第一部で吉右衛門の『熊谷陣屋』で相模、第二部では松緑が大宅太郎光圀の『将門』で傾城如月実は滝夜叉姫をつとめ、五月は第二部の『廓文章　吉田屋』で仁左衛門の伊左衛門の相手役である夕霧をつとめ、第三部で菊之助と『京鹿子娘二人道成寺』を踊った。

六月は公演はなかった。七月四日初日で二十八日まで赤坂ACTシアターで鼓童の『アマテラス』に主演し、演出もしていたので、その稽古だったのだろう。

『アマテラス』は十月には京都の南座でも五日から二十七日まで上演された。

結局、次に玉三郎が歌舞伎座に出るのは十二月まで待たねばならなかった。

二〇一三年の歌舞伎座は七月以降も「新開場柿葺落」と銘打たれ、十月には『義経千本桜』の通し、十一月・十二月は『仮名手本忠臣蔵』の通しとなった。十一月の『忠臣蔵』はベテラン中心の座組だったが、十二月は幸四郎が由良之助、玉三郎が道行と七段目のお軽だった以外は若手となり、海老蔵、菊之助、染五郎、愛之助らが出演する趣向だった。

以後、玉三郎は歌舞伎座に出ることそのものが少なく、出たとしても自分より年長あるいは同世代の役者と共演する機会は少なくなり、若手との座組がほとんどとなる。

その結果、玉三郎と仁左衛門との共演もなくなった。

一九七〇年代から八〇年代にかけて、「奇跡の女形」と称された玉三郎は、しかし、歌舞伎座には歌右衛門が君臨していたのでなかなか出ることができず、関西歌舞伎が壊滅したため東京へ出てきた片岡仁左衛門（当時、孝夫）も、当時は歌舞伎座への出演機会がなかった。仁左衛門の父・十三代目と、玉三郎の養父・十四代目守田勘彌《かんや》とは若いころから仲がよかったので、玉三郎と仁左衛門の共演が実現し、若い観客を熱狂させ、孝玉コンビ、あるいはTTコンビと称されたものだった。

そのコンビが、玉三郎が立女形となったにもかかわらず、歌舞伎座では実現しない。

新開場二ヵ月目の二〇一三年五月の次に玉三郎と仁左衛門が共演するのは、一年五ヵ月後の二〇一四年十月の十七代目と十八代目勘三郎の追善興行だった。その後は三年以上の空白が続いた。ようやく二〇一八年二月に高麗屋の三代同時襲名での『仮名手本忠臣蔵』七段目で、仁左衛門が寺岡平右衛門を、玉三郎はお軽をつとめ、三月も共演する。

つまり――玉三郎と仁左衛門の共演は、第五期歌舞伎座になって、これまで二回、予定が決まっているものを含めても四回しかないのだ。といって、このふたりが仲違いしたとは思えない。玉三郎は舞台に出る機会を少なくし、その機会は若い役者を育てる場にしようと、ある時点で決断していたのだろう。

かくして歌舞伎座は、玉三郎が出る月、出る演目では、玉三郎スクールとでも呼ぶべき、若手養成の場となった。

もちろん、練習を見せるのでも未熟な藝を見せるのでもなく、完璧なものを上演しており、育てながら公演するという、至難の技に挑んでいる。であるから、毎月のようにはできず年に数回となる。

二〇一三年、玉三郎が歌舞伎座に出たのは四、五、十二の三ヵ月であった。

玉三郎流、藝の伝承――二〇一四年

二〇一四年一月、立女形の姿は正月の歌舞伎座にはなかった。玉三郎は大阪松竹座での「初春特別舞踊公演」に出ていた。

歌舞伎座で主役級の女形として出ていたのは坂田藤十郎と中村魁春で、舞踊『おしどり』は魁春が染五郎と橋之助（後、芝翫）と踊り、『仮名手本忠臣蔵』九段目では戸無瀬を藤十郎、お石を魁春、小浪を扇雀がつとめた。

玉三郎に連れられて大阪松竹座に出たのは中村七之助だった。他に澤瀉屋の市川猿弥、市川月乃助（後、新派へ入り二代目喜多村緑郎）、市川笑三郎と、坂東薪車《しんしゃ》（後、成田屋一門に入り、市川九團次）

が出た。

玉三郎の盟友でもあった中村勘三郎の次男で女形の七之助を一人前の女形にすることこそが、玉三郎スクールの当初の目標だったと言っていいだろう。

玉三郎は勘九郎・七之助兄弟の後ろ楯となった。

二月は玉三郎の公演はなく、七之助は菊之助、染五郎、松緑とともに歌舞伎座の花形歌舞伎に出ていた。三月に玉三郎は歌舞伎座に出て、昼の部では七之助と『二人藤娘』、夜の部では勘九郎と中村米吉と『日本振袖始《ふりそではじめ》 大蛇退治』を舞った。『藤娘』は二十五日間の本興行ではもうやらないと表明していたが、ふたりで舞うことで体力面での負担が軽減されると分かり、やることにしたのだろう。菊之助との『京鹿子娘二人道成寺』についての「二人《ににん》」ものとなった。舞台で共演することでの藝の伝授と継承となり、それを観客は目撃することになる。

玉三郎が次に舞台に出たのは六月に京都・南座での特別舞踊公演で、前半の五日から十一日は「組踊《くみおどり》と琉球舞踊」で、新作舞踊『聞得大君誕生《ちふぃじんたんじょう》』と創作舞踊『蓬莱島《ほうらいぬしま》』で琉球舞踊の川満香多らが共演した。この公演には歌舞伎役者は出ていない。後半の十五日から二十一日は「地唄三題」で、『鉤簾《こす》の戸』『黒髪』『鐘ヶ岬』を舞った。

七月、半年ぶりに玉三郎は歌舞伎座に帰ってきた。

海老蔵を迎え、猿之助抜きの澤瀉屋一門という座組である。玉三郎は昼の部では海老蔵主演の『夏祭浪花鑑』でお辰をつきあい、夜の部は泉鏡花の『天守物語』の富姫をつとめた。海老蔵が図書之助で、これはもう何度も共演している名コンビだが、富姫の妹分にあたる亀姫には尾上右近を抜擢した。

尾上右近は、六代目尾上菊五郎の曾孫にあたる。父は清元延寿太夫で、その次男として生まれ、菊五郎劇団で修業していた。母方の祖父は映画スターの鶴田浩二という血統だ。菊五郎劇団は、菊之助が若女形として不動のポジションにあったが、菊五郎襲名後を睨んで立役が多くなっており、中村時蔵の長男、梅枝が次のポジションにおり、右近にはなかなか役がまわってこない状況にあった。その右近を、玉三郎は旧歌舞伎座時代から抜擢していた。

私が最初に右近に注目したのは二〇〇八年二月の大阪松竹座での海老蔵が客演した「坂東玉三郎特別舞踊公演」で、『連獅子』を海老蔵とつとめたときだった。この公演では玉三郎と右近の共演はなかったが、同座はしていたのだ。同年七月の歌舞伎座での玉三郎主演の『高野聖』にも右近は立役だったが起用されていた。音羽屋一門の公演以外に右近が出るようになるには、玉三郎の働きかけがあったはずだ。

玉三郎の『天守物語』での亀姫の役は、将来の立女形候補への登竜門でもある。これまでに時蔵（当時、梅枝）、雀右衛門（当時、芝雀）、菊之助、春猿（現・河合雪之丞）、勘九郎らがつとめており、右近はその系譜に連なったのである。

七月の歌舞伎座は玉三郎と海老蔵が揃い、チケットも早々と売り切れていた。

次に玉三郎が歌舞伎座に出るのは十月で、「十七世中村勘三郎二十七回忌、十八世勘三郎三回忌追善」と銘打たれた公演だ。仁左衛門と玉三郎が実質的に後見役だった。出演したのは十八代目と同座する機会が多かった、義弟でもある橋之助（現・芝翫）、扇雀、彌十郎、獅童、他に藤十郎、秀太郎、梅玉らである。勘三郎家と親戚の吉右衛門や幸四郎、あるいは菊五郎は出ず、勘三郎の微妙なポジションをうかがわせた。

玉三郎は、昼の部では勘九郎が主役の『伊勢音頭恋寝刃《いせおんどこいのねたば》』に仲居万野で出て、仁左衛門も料理人喜助で出て、ふたりで勘九郎を盛り立てた。夜の部は『寺子屋』で、仁左衛門が松王丸、玉三郎が千代、勘九郎が武部源蔵、七之助が戸浪で、若いふたりに、松王丸と千代の手本を示す舞台となった。この月が、玉三郎と仁左衛門の、第五期歌舞伎座での二度目の共演である。

最後に勘三郎と玉三郎の当たり役だった、三島由紀夫作『鰯賣戀曳網《いわしうりこいのひきあみ》』を勘九郎、七之助がつとめ、これはもちろん、玉三郎が指導した。この三島歌舞伎は、十七代目勘三郎と六代目歌右衛門に当てて書かれたもので、それを十八代目と玉三郎が引き継いで、さらに勘九郎・七之助へ渡したのである。

十二月、玉三郎はこの年三度目の歌舞伎座に出た。十二月の歌舞伎座は長く三代目猿之助が出る月だったが、二十一世紀に入ってからは勘三郎が実質的な座頭で玉三郎が客演することが多かった。

七月に次いで、海老蔵と玉三郎が中心の座組となり、他に愛之助、尾上右近、獅童、松也、児太郎らも出た。みな、「実の親」が「歌舞伎座に現役の役者として出ていない」点で共通する。「玉三郎スクール」と書いたが、これは「玉三郎ホーム（児童養護施設）」でもあったのだ。玉三郎自身が、歌舞伎役者の家の生まれではなく、外部から入った人だ。さらに養父・守田勘彌も若いときに亡くしている。親がなく、後ろ楯のない役者の苦労がよく分かっているからこその座組だった。

昼の部最初は古典の『義賢最期《よしかた》』で愛之助が木曽義賢、待宵姫を右近、小万を梅枝がつとめた。次が新作の『幻武蔵』で、国立劇場が公募した脚本（森山治男作）を玉三郎が演出し、淀君の霊を玉三郎、武蔵を獅童、小刑部明神を松也、千姫を児太郎がつとめた。最後が玉三郎と海老蔵とで『二人椀久』。夜の部は海老蔵の『雷神不動北山櫻』で、玉三郎は雲の絶間姫をつきあった。

二〇一四年、玉三郎が歌舞伎座に出たのは、七、十、十二の三ヵ月である。

演出家、指導者として――二〇一五年

二〇一五年、歌舞伎座も三年目となり、一年間の流れも、第四期歌舞伎座時代にほぼ戻った。一月はかつての吉右衛門劇団の座組を踏襲し、幸四郎、吉右衛門が中心である。ただ、ふたりだけでは客は呼べないので、この年は玉三郎が加わった。

さらに勘九郎・七之助も出て、まず昼の部最初の『金閣寺』で染五郎の松永大膳に、七之助が雪姫、勘九郎が此下東吉をつとめた。七之助にとっては大役だった。続いて、舞踊の『蜘蛛の拍子舞』に玉三郎、勘九郎、七之助、染五郎が揃い、夜の部では玉三郎の『女暫《おんなしばらく》』があり、七之助が女鯰若菜をつとめた。

二月から四月は、芸術監督を務める佐渡の音楽集団「鼓童」の振付・演出の仕事をし、三月は新しい出会いのストリート・ダンサー集団DAZZLEの、赤坂ACTシアター公演『バラーレ』の演出にもあたっていた。まだまだ、新しい独自の世界を切り開いている。

五月には大阪松竹座で鼓童との『アマテラス』に出演し、七月に半年ぶりに歌舞伎座へ帰ってきた。

この年の七月も海老蔵と玉三郎が中心の座組となり、そこに猿之助、中車、右近をはじめとする澤瀉屋、海老蔵と親しい獅童が出て、梅玉、魁春、芝雀（現・雀右衛門）、左團次、門之助らが加わる大一座となった。玉三郎は昼の部は『与話情浮名横櫛』で海老蔵の与三郎で、お富をつと

め、夜の部は『怪談牡丹燈籠』を、中車を相手役の伴蔵に抜擢してお峰をつとめた。『牡丹燈籠』では演出としても関わった。玉三郎の歌舞伎演出家としての活動が本格化するのである。

玉三郎が女形の藝を伝える相手としては七之助や菊之助、尾上右近、梅枝、児太郎などがいるが、自分の藝を伝えるのとは別に、中車や獅童を鍛えることもしている。

七月の歌舞伎座に出るのは、いまのところこれが最後となり、海老蔵とも、以後は共演していない。海老蔵は玉三郎スクールを卒業したようだ。


九月の歌舞伎座は吉右衛門が座頭の秀山祭である。玉三郎が出るのは珍しい。昼の部には出ず、夜の部だけで、『伽羅先代萩』の、第五期歌舞伎座として初の通し上演となり、もちろん玉三郎は政岡をつとめた。沖の井に菊之助を配し、さらに小槙に児太郎を当てたのは、このふたりに何かを伝えるためであろう。

十月も玉三郎は歌舞伎座に出た。二代目松緑の二十七回忌追善の月で、玉三郎は若いころには松緑に抜擢されることが多かったので、恩義を感じているからだろう。昼の部の菊五郎が主演の『人情噺文七元結《ぶんしちもっとい》』では角海老女将お駒をつとめた。菊五郎演じる左官長兵衛の娘お久は尾上右近だった。夜の部で玉三郎は『阿古屋』の名題役をつとめ、菊之助に秩父庄司重忠をつとめさせ、この女形の大役を同じ舞台から凝視させた。

二〇一五年の玉三郎は一、七、九、十とすでに四ヵ月、歌舞伎座に出ていたが、さらに十二月にも出た。前年までは十二月の歌舞伎座に海老蔵も出ていたが、この年は京都の南座に出ていたので不在だった。

この月の歌舞伎座はまさに玉三郎スクールとなり、七之助、松也、児太郎、中車、そして松緑が出た。玉三郎自身は出演しないが、昼の部の『本朝廿四孝《ほんちょうにじゅうしこう》』「十種香」では七之助が八重垣姫、松也が武田勝頼、児太郎が濡衣だった。『赤い陣羽織』は中車が主演し、それぞれ玉三郎が指導していた。

玉三郎が出るのは『重戀雪関扉《つもるこいゆきのせきのと》』で、松緑の関守関兵衛実は大伴黒主、七之助の小野小町姫、松也の良峯少将宗貞で、玉三郎が傾城墨染実は小町桜の精だった。夜の部は『妹背山婦女庭訓《いもせやまおんなていきん》』で、「杉酒屋」と「道行恋苧環」のお三輪を七之助、烏帽子折求女実は藤原淡海を松也、入鹿妹橘姫を児太郎、漁師鱶七実は金輪五郎今国を松緑、玉三郎は「三笠山御殿」のお三輪をつとめた。

この年の玉三郎は五ヵ月、歌舞伎座に出た。

マスターコース——二〇一六年

二〇一六年の玉三郎は、前年に続いて歌舞伎座で一年を始め、昼の部は『茨木』、夜の部は鴈治郎の伊左衛門で『吉田屋』の夕霧に出た。

二月は博多座へ獅童と児太郎を連れていき、特別舞踊公演をした。『船辨慶《ふなべんけい》』では玉三郎が静御前・平知盛の霊で、児太郎が源義経、獅童が武蔵坊弁慶だった。

続いて『正札附根元草摺《しょうふだつきくさずりびき》』は獅童の曽我五郎時致、児太郎の小林妹舞鶴、最後が児太郎との『二人藤娘』だった。父・福助が歌右衛門襲名が決まりながらも病に倒れ、実質的に舞台上での後ろ楯を喪った児太郎を、玉三郎は前年から面倒を見るようになっていた。七之助がかなり成長したので、その次の世代として児太郎を選んだのであろう。

二月の博多座以後、玉三郎は舞台に登場せず、九月になって前年同様に秀山祭に出演した。しかし昼の部には出ず、夜の部で『妹背山婦女庭訓』の「吉野川」で太宰後室定高をつとめた。大判事清澄が吉右衛門で、久我之助清舟が染五郎、太宰息女雛鳥が菊之助という配役で、まさに吉右衛門と玉三郎が染五郎と菊之助に藝を伝授するマスターコース的な様相を呈した。そのあと、染五郎と松緑の『らくだ』があり、玉三郎の『元禄花見踊』で打ち出しとなった。

十月の歌舞伎座は橋之助が八代目芝翫を襲名した月で、玉三郎は夜の部だけに出て、口上に出て、『藤娘』を舞った。歌舞伎座が二十六日に千穐楽となると、玉三郎は九州、熊本県山鹿市にある八千代座へ飛び、二十九日から十一月三日まで特別舞踊公演で、『秋の色種《いろくさ》』と『元禄花見踊』を舞った。

十二月の歌舞伎座では、前年同様に若手を集め、獅童、松也、中車、勘九郎、七之助、梅枝、児太郎らが出た。これまでの歌舞伎座は八月が三部制だったが、この年は六月と十二月も三部制となった。

第一部では二〇一五年九月に南座で初演された、獅童と松也の新作『あらしのよるに』（きむらゆういち原作、今井豊茂脚本、藤間勘十郎演出・振付）、第二部が宇野信夫の『吹雪峠』を玉三郎の演出で中車、松也、七之助が演じ、『寺子屋』では勘九郎の松王丸、松也の武部源蔵、七之助の千代、梅枝の戸浪という配役だった。

玉三郎自身が出るのは第三部のみで、勘九郎と『二人椀久』を舞い、勘九郎、七之助、梅枝、児太郎と五人で『京鹿子娘五人道成寺』で観客を陶酔させた。

玉三郎は道成寺をこの四人に舞台での共演を通して伝授したのである。

たとえ舞台には出なくても、若手を指導すること、演出することで、玉三郎の存在を感じさせるようになっている。だが、着実に舞台に立っている時間は減っている。

二〇一六年の玉三郎は歌舞伎座には、一、九、十、十二の四ヵ月出演した。

歌舞伎の未来に遺すもの——二〇一七年

二〇一七年も玉三郎は歌舞伎座で新年を始めた。

一月は夜の部に出ただけで、幸四郎の『井伊大老』でお静の方をつとめ、『傾城』を舞った。

お静の方は歌右衛門が得意としていた役で、玉三郎としては一九七五年に帝国劇場で演じて以来となる。昌子の方は雀右衛門がつとめた。

その後は、数日だけの舞踊公演はあったようだが、本公演に出るのは十月の歌舞伎座までなかった。

だがその間の八月の納涼歌舞伎では、第一部で七之助、中車、染五郎が出た、長谷川伸の『刺青奇偶《ちょうはん》』を玉三郎が演出した。この芝居は二〇〇八年四月に、玉三郎のお仲、勘三郎の半太郎、仁左衛門の政五郎で上演され、いまも脳裡に残る。あのときは、これからも何度もこの三人で見ることができるだろうと軽い気持ちで見ていたが、もう二度と見ることができない。

十月は夜の部に出るだけで、坪内逍遥の『沓手鳥孤城落月《ほととぎすこじょうのらくげつ》』で淀の方をつとめ、最後に舞踊『秋の色種』を舞った。

『沓手鳥孤城落月』は坪内逍遥が書いた新歌舞伎の代表作だが、初演したのは五代目歌右衛門で、以後、成駒屋の家の藝となっていた。一月の北條秀司作『井伊大老』のお静の方も六代目歌右衛門が得意としていたので、この年の玉三郎は、数少ない出演で、二作とも歌右衛門の得意としていた役を自分なりに新解釈して提示したことになる。

『沓手鳥孤城落月』で玉三郎と同座したのは豊臣秀頼の七之助、大野修理亮の松也、饗庭の局の梅枝、千姫の米吉、婢女お松実は常磐木の児太郎で、若手に伝えようという配役の意図が伝わる。

十二月の歌舞伎座では、三部制の第三部で中車と長谷川伸作『瞼の母』と、夢枕獏が作った舞踊劇『楊貴妃』に出た。

さらに二〇一八年一月は歌舞伎座には出ず、大阪松竹座に中村壱太郎との舞踊公演をする。二月に歌舞伎座の高麗屋の三代同時襲名に出て、『仮名手本忠臣蔵』七段目で、仁左衛門の寺岡平右衛門に、お軽をつとめる。この七段目は、最近の歌舞伎座では珍しいダブルキャストとなる。由良之助は白鸚《はくおう》（九代目幸四郎）が毎日つとめるが、平右衛門は奇数日は仁左衛門、偶数日は海老蔵で、お軽は奇数日は玉三郎、偶数日は菊之助がつとめる。

玉三郎は、二十五日間通して出るのは体力的に難しい役でも、こうすればまだやれると、アピールしたいのだろう。海老蔵もまた休演日を設けることを主張しているので、このふたりによって実現するダブルキャストだ。熱心なファンとしては二回行かなければならなくなり出費が嵩むが、見応えのある舞台になるはずだ。

二〇一七年十一月にＮＨＫで放映された、松任谷由実との対談番組で、玉三郎は「引退はいつも考えている」と発言し、しかし、大々的に発表して引退するのではなく、気がついたら「あの人、最近、出ないわね」となっているのが理想だと語っていた。第五期歌舞伎座になってからの五年は、まさに、そういう消え方への道を歩んでいるようだ。それもただ消えるだけでなく、藝を次世代へ伝えながら、消えていこうとしている。

歌舞伎役者の家に生まれたわけではなく、養父となった守田勘彌も女形ではなかったので、父から藝をストレートに伝授されたわけではない玉三郎は、自分で学び、藝を磨いていった。その藝を、家にこだわらず、どんな家の役者にも教えている。彼自身に子がないので、自分の子だけに教えようなどとは考えない。

過去にも未来にも血統のない不世出の女形は、それゆえに、持てる知識と感覚を次世代に共有してほしいのだろう。

玉三郎スクールの結果が出るのは数十年後だ。

第二部

歌舞伎を見る——春秋戦国役者列伝

【春秋戦国時代】

春秋時代とそれに続く戦国時代。周の東遷から秦の天下統一まで。春秋時代＝魯の年代記「春秋」に由来。周の東遷から晋が三分して韓・魏・趙が独立するまでの約三六十年間（前七七〇～前四〇三）。周室の権威が衰え、有力諸侯が糾合し覇権を唱えた。

戦国時代＝中国史で、東周の後期。一般に韓・魏・趙三氏が晋を三分して諸侯に封ぜられた前四〇三年から秦が中国を統一した前二二一年までの動乱期をいう。

——「辞林21」より

第五期歌舞伎座が開場したのは二〇一三年だった。

二〇一〇年代が「世代交代」をキーワードとする時代になることは、役者たちの年齢構成からして開場前から明らかだったが、このタテの変化に加え、二〇一〇年代後半は「劇界再編」というヨコの変化も始まっている。

まずタテの世代交代では、二〇一六年までに、中村鴈治郎、中村雀右衛門、中村芝翫の襲名が続き、これで五十歳以上の役者の襲名はほぼ終わった。いよいよ四十代、つまり一九七〇年代生まれの役者たちが、大名跡を襲名する時代に入る。二〇一七年五月には坂東彦三郎家で父子三代四人が同時襲名した。

そして二〇一八年一月に、市川染五郎が十代目松本幸四郎を襲名し、同時に父・九代目幸四郎が二代目白鸚に、息子の松本金太郎が八代目染五郎になる。染五郎と同世代の看板役者では、尾上松緑はすでに「松緑」となっている。

近年中に襲名が予想されるのが、市川海老蔵の團十郎襲名と尾上菊之助の菊五郎襲名だ。尾上菊五郎家は、父子三代同時襲名となる可能性が高い。

第二部ではそれぞれの役者と家にとっての大事件である襲名を切り口として、海老蔵世代の役者たちの動向を追う。

役者ごとに記す一話完結形式の紀伝体とするので、同じ出来事が何度か書かれるが、立場が変われば違ってみえることもあるので、その妙をお楽しみいただきたい。

第一話　猿之助挑戦記

スーパー歌舞伎の猿之助

二〇一一年九月二十七日、翌一二年六月に市川亀治郎が四代目猿之助を、三代目猿之助が二代目猿翁を、俳優・香川照之が九代目中車を、香川の子・政明が五代目團子を襲名すると発表された。

亀治郎の猿之助襲名は、単に名前が変わるだけではなく、彼が澤瀉《おもだか》屋一門のトップになることを意味していたので、これは驚きだった。そうなって欲しいと思う一方、そうはならないだろうと思っていたからだ。さらに三代目猿之助と、別れた妻、女優・浜木綿子との間の子、香川照之が歌舞伎役者になるのも驚きだった。中年期になってから歌舞伎界に入る役者は前例がないわけではないが、珍しいことだったし、何よりも、猿之助と浜木綿子が離婚したことで、父子関係は絶縁していたはずだったので、その和解もまた事件だった。

市川猿之助家（澤瀉屋）は初代が幕末の安政二年（一八五五年）の生まれで、一世紀半の歴史を持つ。

スーパー歌舞伎の創始者である三代目市川猿之助は、一九六三年に二十三歳でその名を襲名した。その時点での二代目猿之助は祖父で、父・三代目段四郎を飛ばしての襲名だった。同時に、二代目猿之助は初代猿翁になったが、この時点でもう余命幾ばくもなかった。三代目段四郎も病に倒れており、三代目の襲名後、ふたりは相次いで亡くなった。

三代目猿之助は襲名時に市川宗家の十一代目團十郎と軋轢が生じ、さらに当初は引き立てようとした劇界の女帝・中村歌右衛門の誘いを断ったために劇界で孤立した。彼はマイナスの状態から這い上がったのだ。

三代目猿之助は革命児だった。三代目猿之助と言えば、スーパー歌舞伎が有名だが、古典の新演出、百年以上にわたり上演されていない作品の復活上演などにも意欲的に取り組み、観客から「猿之助の歌舞伎は面白い」と支持され、興行的に成功した。

さらに三代目は、歌舞伎界の常識である世襲・門閥制度の改革者でもあった。一般家庭で生まれ育った国立劇場研修生を一門に入れ、主役級に抜擢していったのだ。他の一門も研修生を弟子にしているが、端役しか与えていない。こうして猿之助一門では、右近、笑也、笑三郎、春猿、猿弥らが育っていた。

猿之助一座には血縁もいた。弟・段四郎とその息子・亀治郎だ。しかし、まだ三代目が元気な頃、二〇〇三年七月の公演を最後に、ふたりは亀治郎の希望で退座した。普通は「血縁の中にいる他人」がいづらくなるものだが、猿之助一座においては、「他人の中にいる血縁」のほうが出て行ったのだ。

その後の二〇〇三年十一月、三代目は脳梗塞で倒れ、演出はできても、舞台には立てなくなった。すると三代続いた猿之助の名跡をどうするのかと、取り沙汰されるようになる。

暗黙の了解による最有力候補として市川右近（現・市川右團次）がいた。右近は日本舞踊飛鳥流家元の子で、少年時代に三代目に弟子入りした。歌舞伎に近い世界の出身だが、「役者の子」ではない。どの世界でも、トップは自分を追い抜く心配のない者をナンバーツーに指名するものだが、三代目と右近の関係もそんな感じだった。右近はどこが悪いというわけでもないが、オーラというか華がなかった。このままでは早晩、猿之助一座はもたなくなるだろうと思われた。

なるほど、三代目が倒れると、一座は危機を迎えた。右近では以前ほど客が入らない。一門の役者たちはバラバラに他の一門の興行に出ることが多くなった。

一門を脱退した亀治郎は、二〇〇七年に大河ドラマ『風林火山』で武田信玄を演じたこともあり知名度も上がり、役者としての力もつけていた。当初は女形が中心だったが、伯父である三代目猿之助が得意とする演目・役に挑み、座長公演も成功させていた。国立劇場の大劇場で十日にわたる自主公演を成功させるだけの観客動員力もあった。

しかし亀治郎は、「自分には澤瀉屋の血が流れている」と口にはするものの、「猿之助にはならない。死ぬまで亀治郎でいたい」とも公言していた。

ところが、二〇一一年十月の新橋演舞場では、亀治郎が三代目の得意とした『當世流小栗判官』で主役をつとめ、右近以下の一座の役者が共演した。脱退したといっても喧嘩別れをして絶縁したわけでもなさそうなので、「和解」というのもおかしいが、ともあれ、復縁したのだ。この座組が決まった時点で亀治郎の四代目猿之助襲名は内定していたのだろう。


かくして、亀治郎は伯父の名である猿之助を襲名することになったのである。

門閥・世襲を批判していた三代目が名跡を甥に譲るのは、「裏切られた革命」だと批判することもできる。だが、そうとも言い切れない。

亀治郎の奮闘ぶりは見事だった。二〇〇九年一月から二〇一〇年四月まで十六ヵ月に及んだ歌舞伎座さよなら公演にあえて出演しなかったのも、異端めいていていい。彼は「猿之助精神」を充分に持っていた。

歌舞伎役者は、たしかに世襲が中心だが、役者の子でも、才能があり客が呼べなければ襲名できない。その点では政治家とは違う。

いったんは否定した「猿之助」を亀治郎が受け入れたのは、数年前から交流が始まった香川照之の存在が大きかったろう。香川が本気で歌舞伎役者になろうとしていることは、記者会見での熱弁から感じられた。その香川の思いを実現するには、亀治郎が猿之助になったほうが都合がいいと判断したわけだ。

実績のある俳優の歌舞伎出演としては、笹野高史が勘三郎の公演に出る例もあり、必ずしも異例ではないが、歌舞伎界の既存の名を襲名するとなると前代未聞だ（中車は市川團十郎一門の名跡で、初代猿之助の子が八代目となり、以後絶えていた）。まさに「親のコネ」で実現するのではあるが、他の演劇出身者でも歌舞伎役者になれる道が切り開かれたとも言える。

香川の中車襲名は、同時に父子と元夫婦の和解であり、まるで新派劇だった。三代目は会見で、「浜さん、ありがとう、恩讐の彼方に、ありがとう」と言った。詳細は省くが、三代目と浜木綿子との離婚は、誰がみても三代目に非がある。浜は女手ひとつで育てた息子がどんなに恨んでもいい元夫のもとへ行くのを許した。これを三代目は菊池寛の小説の題を借りて感謝したのだ。

市川宗家との共演

二〇一二年六月と七月、新橋演舞場で澤瀉屋の三代四人同時襲名披露興行が打たれた。

六月は昼の部が中車主演の『小栗栖《おぐるす》の長兵衛』で始まり、右近（現・右團次）、笑三郎、月乃助、弘太郎、寿猿、春猿、猿弥、門之助らが支えた（月乃助は二〇一六年から、春猿は二〇一七年から新派に転じて、それぞれ二代目喜多村緑郎、河合雪之丞となる）。

口上のあと、四代目猿之助の襲名披露演目として『義経千本桜』「川連法眼館の場」が上演され、猿之助は佐藤忠信と忠信実は源九郎狐をつとめた。

六月の夜の部と七月の昼の部がスーパー歌舞伎『ヤマトタケル』で、猿之助が主役のヤマトタケルで、中車は帝、その息子で初舞台となる團子がワカタケルをつとめた。

七月は夜の部に市川宗家の團十郎と海老蔵も出演した。最初が真山青果の新歌舞伎『将軍江戸を去る』で、團十郎が徳川慶喜、中車が山岡鉄太郎、海老蔵が高橋伊勢守をつとめた。その次が口上で、三番目が猿之助の『黒塚』で、團十郎が阿闍梨祐慶をつきあった。そして、最後が『楼《さん》門五三桐《もんごさんのきり》』で、猿翁が二〇〇三年四月以来九年ぶりに舞台で演じ真柴久吉をつとめ、海老蔵が石川五右衛門をつとめた。中車は黒子として父・猿翁を支えた。これが、この父子の初の共演だった。

さかのぼれば一九六三年、二代目猿之助が猿翁となり、その孫の三代目團子が三代目猿之助を、その弟の亀治郎（現、段四郎）が四代目團子を襲名する際、市川宗家たる十一代目團十郎との間でトラブルが続出した。そのほとんどは松竹の不手際によるものだったが、そのため十一代目團十郎はこの澤瀉屋一門の襲名披露公演に出演しなかった。

襲名披露公演直後に初代猿翁は亡くなり、二年後に團十郎も急死したため、両家の和解の機会は失われていたが、ときが解決した。

すでに二〇〇四年の海老蔵襲名公演に亀治郎は同座しており、少なくとも、團十郎・海老蔵と亀治郎との関係は良好だった。

かくして四代目猿之助襲名は、猿翁・中車父子の長い断絶とその和解というドラマを経ての初共演と、中車の子の團子（当時八歳）の初舞台という、父子三代の物語を縦糸に、市川宗家たる成田屋と異端の澤瀉屋との半世紀を経ての和解という横糸の物語が収斂されたものとして、人びとに提示されたのだった。

しかしこの半年後に宗家・團十郎が帰らぬ人になろうとは、このとき誰が知ろう。

この襲名により、四代目猿之助が一門を率いて、猿之助一座として公演していくのかと思いきや、猿之助は単独で歌舞伎以外の舞台に出たり、あるいは若手を率いて明治座や中日劇場などでの公演をより精力的にしていくようになった。

その一方、座長たる猿之助が外での活動を増やすに連れて、澤瀉屋の役者たちは海老蔵を座頭とする公演に出ることが多くなった。なかでも、一門でナンバーツーのポジションだった市川右近は海老蔵との同座が多くなり、ついには二〇一七年に海老蔵のアレンジで市川右團次を襲名し、屋号も高島屋となった。もっとも、その後も澤瀉屋の公演にも出ているので、独立したとか袂を分かったわけではない。

襲名後の猿之助と澤瀉屋は、深い絆で結ばれているのか、まったく結ばれていないのかよく分からず、外側からはさまざまな憶測が出た。

歌舞伎座への帰還

猿之助の襲名披露公演が新橋演舞場だったのは、二〇一二年六月・七月は歌舞伎座が工事中だったので当然のことだった。しかし新開場後も、猿之助は歌舞伎座に出ることがなかった。

海老蔵同様に猿之助も集客力があるので、新橋演舞場や明治座をはじめ歌舞伎座以外では座頭公演が打てるのだが、それなのに、あるいはそれゆえに、亀治郎時代の二〇〇八年九月以降、「歌舞伎座に出ない記録」を更新していた。第五期歌舞伎座に出演したのは二〇一五年一月が初めてだった。

猿之助が二〇一五年一月に歌舞伎座新登場に選んだ演目は、澤瀉屋にとって重要な『黒塚』で、これは襲名披露興行でも演じたものだ。舞踊劇だが、照明は暗くおどろおどろしいもので、とても正月にふさわしいとは思えない。妖気迫るものだった。すごいものを見たとの満足感はある。暗いイメージだが、最後は阿闍梨の法力により鬼女を祈り伏せる結末なので、救いがあるとも言える。だが、正月らしくはなかった。

もともと猿之助の澤瀉屋一門は旧歌舞伎座時代、三代目猿之助（現・市川猿翁）が元気だった頃でも、基本的には七月と十二月しか歌舞伎座には出ていなかった。当時は、「普通の歌舞伎」と「猿之助の歌舞伎」との二種類があり、ふたつは一緒にはならなかったのだ。

したがって、「猿之助が正月の歌舞伎座に出る」のは、三代目が一九七九年に出て以来だった。

二〇一五年の猿之助は二月は大阪松竹座で鴈治郎襲名披露公演に出て、四月は若手を率いて中日劇場で「花形歌舞伎」、五月は明治座で「花形歌舞伎」、六月は単独で特別舞踊公演を各地で開き、七月に再び歌舞伎座に出た。

そのなかで四月の名古屋の中日劇場での『雪之丞変化』と、五月の明治座での『男の花道』の二作は、大衆演劇を歌舞伎にしようという試みで面白かった。

『雪之丞変化』は長谷川一夫の映画が有名だ。女形役者が主人公で、劇中劇として、『関の扉』『本朝廿四孝』の場面もあった。劇中劇なのでさわりだけだったが、いつでも歌舞伎座でできるぜ、という挑戦でもある。立ち回りもあり、サービス精神に満ちていた。このときが猿之助にとっての初演だ。

この中日劇場の公演では、浅草の花形歌舞伎のメンバーでもあり、平成生まれの坂東巳之助、中村米吉、中村萬太郎、中村隼人、中村種之助、中村梅丸らが共演し、それぞれいい役と見せ場を得て、生き生きと演じていた。

明治座での『男の花道』も女形役者が主人公で、これは亀治郎時代の二〇一〇年五月に名古屋の御園座で演じていたが、東京ではこのときが初めてだった。人気の女形役者・歌右衛門が主人公で、バックステージものの一種だが、あざといまでの人情ものである。

猿之助は「女形役者」が主人公の芝居を二作続けて演じていたのだ。猿之助は亀治郎時代は女形が多かったが、猿之助襲名後は立役が多くなり——この二作も女形役者だからつまりは男性なのだが——女形の猿之助が好きなファンには物足りなかったが、劇中劇で女形として出ることで、その不満も少しは解消された。


大阪、名古屋、明治座を経て、猿之助は七月に再び歌舞伎座に出た。

二〇一五の七月大歌舞伎は玉三郎が実質的な座頭だった。当人が出るのは昼の部で『与話情浮名横櫛』でお富を海老蔵の与三郎でつとめ、夜の部は中車を相手役に『怪談牡丹燈籠』を上演した。猿之助は昼の部で『蜘蛛絲梓弦《くものいとあずさのゆみはり》』、夜の部では『牡丹燈籠』に三遊亭円朝の役で出ただけだ。

三代目猿之助が病に倒れたあとは、玉三郎が澤瀉屋一門を率いて七月の歌舞伎座で座頭となることが多かった。玉三郎としてみれば、「七月大歌舞伎」を預かっている思いであったろう。それをこの年をもって次世代にバトンタッチしたことになる。

そのバトンは、しかし、猿之助だけでなく海老蔵にも託されていたことが、この後に分かる。二〇一六年七月は、猿之助が座頭で海老蔵が客演した。二〇一七年七月は海老蔵が座頭となり、すべてを仕切り、猿之助は出番はなかった。二〇一八年七月がどうなるかは、まだ分からない。

こうして猿之助は歌舞伎座に出るようになり、二〇一六年と二〇一七年は八月の納涼歌舞伎で染五郎（十代目幸四郎）と新作を作った。これを含め一六年は六月から八月まで三カ月連続して出て、一七年も四、六、八月と出て、おもに高麗屋父子の相手役をつとめた。

『ワンピース』での長期計画

四代目猿之助は三代目が作ったスーパー歌舞伎は『ヤマトタケル』こそ、襲名のときに継承してみせたが、その後は取り上げていない。

猿之助は新たに「スーパー歌舞伎Ⅱ」を創設し、その第一弾として二〇一四年三月に『空ヲ刻ム者─若き仏師の物語─』（前川知大作・演出）を新橋演舞場で上演、二〇一五年には人気コミックを原作にした『ワンピース』を上演した。

『ワンピース』（尾田栄一郎原作、横内謙介脚本・演出、市川猿之助演出、市川猿翁スーパーバイザー）は新橋演舞場で二〇一五年十月と十一月の二ヵ月間で観客動員十万人とヒットし、続いて、翌一六年三月は大阪松竹座、四月は博多座でも上演され、二〇一七年十月・十一月に新橋演舞場で再演された。

二〇一七年の『ワンピース』再演の初日は十月六日、その三日目となる八日、事故が起き、猿之助は左腕骨折という重傷を負い、以後、無期限の休演となった。

その代役となったのが尾上右近だった。

新橋演舞場での二〇一五年の『ワンピース』には右近は出演していなかったが（その月は歌舞伎座に出ていた）、翌年の大阪公演から参加していた。このとき、猿之助は演出も兼ねていたので、リハーサルでは他の役者の動きや舞台装置の転換などをチェックする際に右近に主人公ルフィを演じさせていた。三代目猿之助も舞台に出ていたころは、自分が演出も兼ねていたので市川右團次（当時、市川右近）を代役としてリハーサルをしていたのにならったとも言える。

猿之助は尾上右近に何かを感じ、新橋演舞場での再演にあたり、松竹と掛け合い、平均して三日に一度、マチネでは右近を主演させる『麦わらの挑戦』と題する公演とした。芝居の中身は同じで、配役が違うだけで、チケット代は猿之助主演の日より高い席では二千円安くしての公演となった。右近は猿之助主演のときも他の役で出ていたので、『麦わらの挑戦』ではその役を坂東新悟と中村隼人が演じることになり、坂東巳之助とあわせた四人が、この公演では重要な役を得た。

こうして再演が始まったところでの事故と負傷だった。

九日から右近が代役となったが、十一日、もともと右近が出る予定の『麦わらの挑戦』版のチケットを買っていたので見に行き、その翌日に次のように書いて寄稿した。

〈スター誕生だ。市川猿之助が公演中に負傷し、新橋演舞場の十月公演『ワンピース』を休演したが、その代役の尾上右近が素晴らしい。歴史的瞬間だ。〉

事故を予見していたわけではないだろうが、猿之助の歌舞伎、とくにスーパー歌舞伎はスピード感が売り物だ。早替り、宙乗り、本当の水を使ったアクションシーンと、スペクタクルな見せ場は、当然、危険と背中合わせである。あってはならないことだが、備えてもいなければならないことを、座頭である猿之助はよく理解していたのだろう。

『ワンピース』では、右近のほか、中村隼人、坂東巳之助、坂東新悟たち平成生まれが活躍した。若いと思っていた猿之助も、彼らと比べると、もう若くない。それを自覚し、自分よりも若い世代を育てる——つまり舞台で主役を経験させるのは、言うは簡単だが、なかなかできることではない。猿之助の決断と、若手の力を見抜く彗眼はたいしたものだ。

役者を育てるには、いい役を与えて舞台に立たせるしかない。歌舞伎座ではそれができにくく、大幹部の御曹司以外は、なかなか役がまわってこない。この配役は、そういう現状を打破する試みでもあったはずだ。

歌舞伎の専門家からすれば『ワンピース』など歌舞伎ではない」となるかもしれない。「そんなのに出ていないで古典を修業しろ」と言う人もいるだろう。しかし、では右近や隼人や巳之助や新悟に歌舞伎座で大役が付くのか。

自分よりも若い役者に大役をつけて共演させることに熱心なのは、海老蔵と猿之助のふたりだ。彼らが引き立てている若手としては、松也をはじめ、壱太郎、児太郎、右近、隼人、巳之助、新悟らがいる。みな父がいないか、健在ではあっても脇役が多い役者、つまり歌舞伎界では恵まれていないポジションにある。松也、巳之助は父がなく、児太郎も父・福助が病気療養中だ。

同世代の染五郎と菊之助は父も健在だし、何よりも一門に多くの役者がいる。自動的に一座が組め、ほぼどんな演目でも、やろうと思えば一門の役者だけで可能な恵まれた立場にある。もちろん、その一門を率いていく運命は、それはそれで重圧であろう。

だが、海老蔵や猿之助のように公演ごとに一座を編成しなければならない立場にあると、若手の育成はより切実となる。

興行師、いまふうに言えばプロデューサーの素質をもつ役者としては中村勘三郎がいたが、それを継いでいるのが猿之助であり、海老蔵なのだ。

第二話　歌右衛門襲名夢譚

歌右衛門という名跡

歌舞伎座新開場から半年が過ぎようとしていた二〇一三年九月三日、中村福助が七代目中村歌右衛門を襲名するとのニュースが伝わり、その翌日、四日午前に記者会見が行なわれた。

その様子は各新聞に出て、その記事のなかに福助当人の言葉として「襲名の話をうかがったときは夢だと思った。六代目の大叔父にあこがれ、目標にしてきただけに、身の引き締まる思いです」とあった。これを読み、違和感を抱いた。歌右衛門とは、「話をうかがって」襲名するものではないし、それを「夢」だなんて言うような、気弱なことでは困るのだ。

そうしたら、十一月の公演中に福助は体調不良で休演し、そのまま二〇一七年十二月現在まで復帰せず、当然、歌右衛門襲名は無期延期となった。歌右衛門という名前の重圧に負けてしまったのだろうか。

五代目歌右衛門は女形で、若い頃はその美貌で絶大な人気があったが、気が強く、権力欲を隠さない人でもあった。贔屓筋に政官財界の大物もついていたので蓄財にも長け、千駄ヶ谷に三千坪の敷地の屋敷を持つまでになる。

五代目が「歌右衛門」という名跡を大阪の初代中村鴈治郎と争った際は、政治センスを駆使して勝利した。その襲名披露興行は、ちょうど建て替えられたばかりの第二期歌舞伎座の柿落興行として行なわれた。五代目歌右衛門は「歌右衛門」という名跡だけでなく、歌舞伎座の座頭になるべく、これも政治的な駆け引きを繰り返して、実現させた。彼は女形ではあったが、徳川家康などの武将も演じ、劇界では「閣下」と呼ばれていた。

五代目から六代目へ

すべてが自分の思うままになった五代目歌右衛門だったが、白粉に含まれていた鉛による鉛毒で苦しみ、子供のできない身体でもあった。そこで、貰ってきた子を実子として届け出て育てたのが、五代目福助である。当時はこういうことはよくあった。

福助は子供の頃から役者になるべく鍛えられ、彼もまた美貌だったので、大正時代後半から昭和初期にかけて若い女形として人気が出た。だが、福助は結核で一九三三年に三十三歳の若さで亡くなってしまう。この福助の子が二〇一一年に八十三歳で亡くなった七代目芝翫である。

では、五代目歌右衛門が子の作れない体質だったとしたら、次男とされる六代目歌右衛門はどこから来たのか。この六代目の出生については確定的なことは分からないが、兄とされている五代目福助の子という説と、五代目福助同様に貰われてきた子という説とが流布している。

九代目團十郎亡きあとの劇界に君臨し、「閣下」と呼ばれていた五代目歌右衛門は一九四〇年に七十四歳で大往生を遂げた。次男・六代目歌右衛門（当時、福助）はまだ二十三歳、孫の七代目芝翫（当時、児太郎）は十二歳だった。

五代目歌右衛門は亡くなる直前に、死後、次男と孫との間で争い事にならないよう、遺言を書いた。このふたりは戸籍上は叔父甥の関係にあるが、もしかしたら腹違いの兄弟かもしれない関係であり、年齢差が十一歳なので、お家騒動の条件にぴったりだった。

そこで五代目は、次男の藤雄が歌右衛門を六代目として襲名し、その次は、五代目福助の子（七代目芝翫）が襲名し、以後もその子たちが交互に継いでいけという趣旨の遺言を書いて雑誌に発表し、その効力を強めた。

遺言では、歌右衛門家の子は、児太郎→福助→芝翫→歌右衛門という改名コースを歩むようにとも記され、とくに「福助の名は一日も絶やしてはならない」とあった。福助が次の名を襲名するのと同時に次の福助を襲名させよということだ。

五代目は自分が歌右衛門になるのに苦労したので、次世代が揉めてお家騒動とならないように、手を打っておいたのだ。六代目がとりあえず約束された次男の藤雄だが、彼もまた美貌だったので、子供のころから女形として育てられた。男と駆け落ちし、新聞に載るなどのスキャンダルもあった。そういう不思議な人でもある。藤雄が六代目を襲名するのは戦後の一九五一年だった。

戦争が終わると、劇界では六代目歌右衛門と同世代の役者が次々と親の名を襲名していった。しかし、歌舞伎座が空襲で焼失して存在しない時期に襲名したので、その披露興行は東京劇場など歌舞伎座以外で行なわれた。松竹は歌右衛門襲名披露興行で儲けたいので、早く襲名してくれと言ってきたが、藤雄は「第四期歌舞伎座ができるまでは襲名しない」とがんばり、その望みどおり、一九五一年一月に第四期歌舞伎座が開場すると、四月に歌右衛門襲名披露興行をした。

同世代で歌右衛門だけが歌舞伎座で襲名したのである。かくして歌舞伎座が新しくなるときに新しい歌右衛門が誕生するという伝統が生まれた。


六代目歌右衛門は、父・五代目同様に抜群の政治センスを持ち、同世代のなかで誰よりも早く四十代にして日本藝術院会員となったのをはじめ、誰よりも若くして人間国宝となり、以後も文化功労者、文化勲章とあらゆる栄誉を得て、さらに日本俳優協会会長の座に三十年にわたり就いていた。劇界の人事はすべて「歌右衛門の了解」が必要とされ、さらには歌舞伎座での配役にまでその影響力は及んでいた。

六代目も美貌の女形だったので、「歌右衛門」という名跡は立役だった初代から四代目までと、五代目・六代目とでは別のものとなった。明治の終わりから昭和までのふたりの歌右衛門は、「女形のトップ」であるだけでなく、ちょうど團十郎が不在の時期だったので、「劇界のトップ」という意味の名だったのだ。

その六代目歌右衛門は二〇〇一年に亡くなった。五代目の遺言に従えば、次は七代目芝翫が歌右衛門となるはずだった。しかし、芝翫はその時点ですでに七十歳を過ぎており、いまさら歌右衛門になっても、活躍できるのは十年あるかないかだ。それならば芝翫のままでいたほうがいいと判断したのだろう。歌右衛門にはならなかった。

その時点で芝翫は、長男・九代目福助に歌右衛門を襲名させると決めていたらしい。しかしそれを世間には公表せず、二〇一一年十月に亡くなった。

五代目、六代目の歌右衛門は襲名の時期と歌舞伎座の建替えとがうまく重なった。そして二〇一〇年に歌舞伎座が閉場し建替えられることになった。新開場のときこそ、新しい歌右衛門誕生の絶好の機会だ。芝翫としては自分が歌右衛門になることは考えていないのだから、なんとしても福助の歌右衛門襲名をそのタイミングで実現させたかったであろう。だが、七代目芝翫は第五期歌舞伎座も、福助の歌右衛門襲名も見ずに亡くなった。

夢となった七代目

そして二〇一三年、第五期歌舞伎座が開場した。

次の歌右衛門は福助だろうし、前例にならい、きっと新しい歌舞伎座の柿葺落で襲名するのだろうと思っていたが、十二月までの演目と配役が発表された時点で、歌右衛門の襲名披露公演は予定に入っていなかった。父・芝翫という後ろ楯がなくなり、さらに義兄勘三郎も亡くなったので、福助は襲名できないのだろうかと思っていた。

そんなところに、九月になって襲名が決まったと発表された。しかし九月のタイミングで発表し、半年後に襲名というのは、大名跡としては異例の短期間である。慌ただしい。

裏事情は知らないが、福助サイドから松竹に対して「来年三月まで続く歌舞伎座柿葺落の期間に襲名したい」という意向が伝えられ、ようやく実現したのではないか。松竹としては柿葺落興行はほっといても客が入り、襲名披露興行もほっといても客が入るので、重ねるメリットはあまりないのだ。そのため調整に時間がかかったのではないか。

そういう経緯があるのにとぼけて、「夢だと思った」と言ったのであれば、福助もなかなかの役者だった。だが彼が本当に「夢だと」と思っていたとしたら、歌右衛門になってもあまり期待できそうもなかった。「女形の幹部のひとり」というポジションにしか到達できないだろう。もちろん、「歌右衛門」だからと女帝になる必要はない。七代目は七代目なりの歌右衛門になればいいのではあるが――と思っていたら、福助は倒れてしまった。

福助は十一月の歌舞伎座で『仮名手本忠臣蔵』七段目の遊女お軽に出演していたが、十三日から休演し、そのまま千穐楽まで休み、さらに配役が発表されていた一月の歌舞伎座も休演となり、十二月二十日に松竹は次のように発表した。

〈来年一月の歌舞伎座「壽初春大歌舞伎」を休演させていただきます中村福助でございますが、引き続き療養にあたらせていただくことに至りました。

つきましては、明年三月、四月の歌舞伎座新開場柿葺落「三月大歌舞伎」、「四月大歌舞伎」での七代目中村歌右衛門、十代目中村福助襲名披露興行でございますが、中村福助一月興行に引き続き療養のため延期させていただきます。

なにとぞ、ご諒承を賜りますようお願い申し上げます。皆様には、大変にご心配をおかけいたしますことを深くお詫び申し上げます。〉

記憶のかぎり、これ以後、松竹からの福助の容態、歌右衛門襲名についての公式発表はないまま四年が過ぎようとしている。「夢のようです」と言った歌右衛門襲名は、本当に夢だったのだ。

二〇一六年十月に弟・橋之助が芝翫を襲名した際の口上では福助の子・児太郎が、「父は舞台復帰を目指してリハビリに励んでいる」と語った。

鴈治郎襲名

二〇一五年一月、大阪松竹座で、中村翫雀が四代目中村鴈治郎を襲名した。

襲名披露公演は普通は歌舞伎座から始まるが、「鴈治郎」は関西歌舞伎の大名跡だったので、大阪松竹座から始まったのだ。一月・二月が大阪で、三月は休み、四月が歌舞伎座だった。松竹は、歌舞伎座では鴈治郎に二ヵ月を与えなかった。

初代中村鴈治郎は明治から昭和初期まで活躍した名優で、東京の五代目芝翫と歌右衛門の名跡をめぐり争ったが、政治力で負けて、五代目歌右衛門にはなれなかった。しかし一代にして「鴈治郎」の名を大きくした。以後、その家系は男系男子で五世代にわたりつながっている（二代目は長男ではないが）。

三代目鴈治郎は、本来ならば死ぬまでその名で舞台に立つべきなのだが、どうもこの祖父からの名が嫌いなようで、一九九〇年に三代目を襲名したものの、二〇〇五年に坂田藤十郎という徳川時代の名優の名を勝手に名乗ってしまった。

以来十年にわたり、「鴈治郎」という役者は歌舞伎界から消えていたが、その藤十郎の長男・中村翫雀が四代目を襲名したのである。

当初二〇〇五年の藤十郎襲名時に鴈治郎も同時に襲名するとの話もあったが、当人が断ったらしい。それだと、家の名として鴈治郎から藤十郎というコースがあるかのようになってしまうが、藤十郎襲名は一代限りのものだというのが、翫雀（現・鴈治郎）の考えだった。彼が言うには、「父が勝手に成駒屋《なりこま》を出て行き、山城屋（藤十郎の屋号）になった」という。

それでも藤十郎が父であることには変わりなく、襲名披露興行では藤十郎と、息子の中村壱太郎、弟の中村扇雀とその息子の虎之介、親戚にあたる中村亀鶴らが中心となっていた。

しかし新しい鴈治郎に華がないので、一月の大阪松竹座を見たが、仁左衛門や愛之助のほうが印象に残った。鴈治郎の前途は厳しく思えた。当時の大阪では一般の人びとの間では何も話題になっていなかった。

壱太郎への期待

歌舞伎は京都を発祥の地としており、明治になるまでは京都と大阪それぞれにいくつもの劇場があり、興行が打たれて、上方歌舞伎は江戸歌舞伎に拮抗していた。明治維新後も、しばらくはその状態が続き、戦後も「関西歌舞伎」というひとつの劇団として、東京の歌舞伎に対抗していたが、一九六〇年代をもって関西歌舞伎は終焉を迎えた。

再興したいと思っている役者もいるが、現実は厳しい。大阪松竹座での歌舞伎公演は年によって変動はあるが、概ね一月と二月、七月で、京都・南座は十二月の顔見世のみ、年によっては他の月に玉三郎や海老蔵の特別公演などがあるくらいだ。鴈治郎という名が復活したくらいでは、復興にはならない。さらに残念ながら、当代の鴈治郎は集客力がある役者ではない。脇役が多く、主役を演じる機会が少なかった。あったとしても、父・藤十郎の相手役がほとんどだった。

これは当人の力不足ではあるが、父・藤十郎にも責任がある。弟の扇雀もそうだが、藤十郎がいつまでも持ち役を演じ続けるので、才能があったかもしれないこの兄弟はチャンスが与えられなかった。幸四郎や菊五郎が息子にチャンスを与えているのとは大違いだ。

逆に言えば、藤十郎は息子に厳しいということなのだろう。獅子が子を谷底に落とすように、自分で這い上がってこいというのなら、それはそれで立派な方針だが、その真意は分からない。

鴈治郎は襲名披露興行では主役を演じたが、それが終わると、数ヵ月に一度は主役もあるが、ほとんどが脇役だ。鴈治郎と扇雀は現在の幹部と海老蔵世代との間の世代で、今後、ますます海老蔵世代に出番が奪われる。まさに正念場だったが、襲名を機に大きく飛躍することはなかった。

東京の歌舞伎座での鴈治郎襲名披露公演は四月だった。

歌舞伎座だけに大阪よりも役者は揃った。尾上菊五郎、松本幸四郎、中村吉右衛門、片岡仁左衛門、中村梅玉ら大幹部がほぼ全員揃って、新しい鴈治郎を迎えた。口上はなかったが、それに代わるものとして『芝居前』があった。口上がないのは居並ぶであろう幹部役者たちが、鴈治郎との共演機会が少ないため、語るべきものがないからか。

東京での襲名披露にあたり鴈治郎が選んだのは、大阪でも演じた『吉田屋』の伊左衛門と、大阪では演じなかった『河庄』の紙屋治兵衛で、どちらも初代鴈治郎が得意としていた「玩辞楼十二曲」のひとつ、すなわち「家の藝」である。『吉田屋』では父・坂田藤十郎が相手役の夕霧をつとめた。藤十郎は当時八十三歳で、さすがに出演時間が短くなっている。『河庄』では梅玉と中村芝雀(現・雀右衛門)が相手役をつとめた。一族では、弟の中村扇雀が「玩辞楼十二曲」のひとつだが四十年ぶりの上演となる『碁盤太平記』の主役・大石内蔵助をつとめた。

鴈治郎の長男の壱太郎は、『碁盤太平記』『石切梶原』『河庄』『石橋』と四演目で重要な役をつとめ、初代から数えて五世代目であることをアピールした。

今後、歌舞伎の大スターになる可能性を秘めているのは、鴈治郎よりも息子の壱太郎のほうだ。壱太郎に注目したのは、二〇一〇年三月の南座での花形歌舞伎で、『曾根崎心中』のお初を、役柄と同じ十九歳で演じたときだった(徳兵衛は父・鴈治郎、当時は翫雀)。歌舞伎の場合、必ずしも実年齢に近い役をやらなくてもいいのだが、やはり若者の役は若い俳優がやったほうがいい。若さゆえの暴走が生む悲劇であることが伝わる舞台だった。二〇一二年七月の巡業でもつとめており、お初は壱太郎の当たり役になるのだろうと思った。

鴈治郎襲名披露興行は、壱太郎を広く知らせる機会でもあった。しかし大阪での二月の『曾根崎心中』で二十五歳の壱太郎にお初をやらせればいいのに、八十三歳の藤十郎がつとめた。信じられない戦略性の欠如だ。

襲名なので「家の藝」を見せるのは当然といえば当然だが、鴈治郎が主役を張れるレパートリーがそう多くないのも事実だ。

同世代の勘三郎、三津五郎がいなくなったいま、「鴈治郎」という大きな名跡はリーダーになっていい名なのだが、どう見ても、スター性はない。むしろ、息子の壱太郎のほうが平成世代のなかで一頭地を抜きつつあり、その将来性を改めて認識させた。


この襲名から、すでに二年が過ぎた。

藤十郎はその後も毎月のように歌舞伎座に出て、あまり動かないですむ役をつとめている。外見は美しい。しかし、セリフは聞き取りにくい。

鴈治郎は予想通り、襲名披露公演が終わると、脇役がほとんどとなった。

弟の扇雀はずっと勘三郎と同座していたので、他の役者とのつきあいが薄い。女形なので、誰か幹部が相手役に起用してくれないと出演機会はない。すぐ上に時蔵、雀右衛門がいるので、菊五郎や吉右衛門が起用することはないだろう。

鴈治郎・扇雀の兄弟は、父がいつまでも役を渡さないこともあり、実力がありながらも、中途半端なポジションとなっている。ただ頭はよさそうだし、人柄も鷹揚なイメージなので、スター役者にはなれなくても劇界でのまとめ役、調整役は向いているのかもしれない。

やはりこの家は、スターとしては、次の世代である壱太郎に期待したい。

壱太郎が父・鴈治郎べったりではなく、海老蔵、猿之助、愛之助らと共演機会を増やしているのは、本人の戦略なのか偶然なのかは分からないが、正しい道だ。

芝翫襲名

歌右衛門襲名の目処が立たないまま月日は流れ、二〇一五年九月二十九日、松竹は翌一六年十月と十一月に歌舞伎座において、「中村橋之助が八代目中村芝翫を襲名、同時に、橋之助の長男、中村国生が四代目中村橋之助、二男の中村宗生が三代目中村福之助、三男の中村宜生が四代目中村歌之助を襲名する」と発表し、四人が揃っての記者会見があった。
会見を伝える松竹の「歌舞伎公式総合サイト　歌舞伎美人」には
〈七世芝翫が亡くなる前の平成二十三年八月末に、「いつまでも成駒屋という老舗を、兄弟、手を携えて守ってほしい」との言葉とともに、橋之助は芝翫の名跡を継いでほしい旨を聞かされたと言います。「手を握ってあんなに凝視して話したのは初めて。僕は芝翫の名跡を許されたのかと、わくわくしました。一生をかけて芝翫を名のって大きくしてお前にあげる、と言ってくれた言葉が心に残っています。父としての愛情を感じました」と、しみじみと思い出を語りました。

芝翫の名前が不在となってから来年で五年、「親子四人での襲名を、先輩方、皆様が喜んでくださったのも、父の折り目正しい厳格な人柄、素晴らしい人間性あってのこと。あらためて父の偉大さが伝わってきます」と、感謝の気持ちを表しました。〉

とある。記事のどこにも福助の名はなかった。

芝翫をめぐるふたつの断絶

襲名披露興行の口上は、それぞれの役者がかしこまりながらも、襲名する当人の人柄や、私生活での交流のエピソードなどを、ユーモラスに語るのが楽しみだ。

だが、二〇一六年十月の中村橋之助の八代目芝翫襲名披露公演の口上では、ほとんどの役者が新しい芝翫のことは語らず、もっぱら「神谷町のおじさん（先代・七代目芝翫のこと）にはお世話になりました」ということしか語らなかった。

無理もない。橋之助時代の芝翫は、菊五郎、吉右衛門をはじめ、口上の席に並んだ大幹部たちとほとんど共演していなかったのだ。語るべきエピソードを持たないのだろう。

芝翫がよく共演していたのは、十八代目勘三郎と十代目三津五郎、そして兄の福助、中村扇雀、坂東彌十郎たちだ。このうち勘三郎と三津五郎は亡くなり、福助は病に倒れ療養中、扇雀は当月は国立劇場、彌十郎は名古屋の顔見世に出ていた。新しい芝翫が最も親しい役者たちが歌舞伎座には不在だったのだ。

新しい芝翫にとって大幹部の揃う歌舞伎座はアウェイなのだな、と感じた。どうやってこの歌舞伎座をホームグラウンドにしていけるのか、苦難の始まりだ。

芝翫は一九六五年生まれだ。義兄・勘三郎は五五年生まれ、療養中の兄・福助は一九六〇年生まれなので、ちょうど五歳ずつ離れていたことになる。彼ら昭和三十年代生まれ（芝翫の生年は昭和四十年だが、含めてもいいだろう）は、谷間の世代にあたる。

二〇一五年に襲名した鴈治郎（一九五九〜）も、一六年に襲名した雀右衛門（一九五五〜）もここに含まれる。この世代は、上には現在の大幹部たち（最年長の菊五郎・幸四郎が一九四二年生まれ、最年少の玉三郎が一九五〇年生まれ）、下には染五郎・海老蔵・菊之助・松緑ら一九七〇年代生まれがいて、その谷間になる。

亡くなった勘三郎は当然、歌舞伎界のこの世代構成に気づき、このままでは自分たちの世代には出番がまわってこないとの危機感から、自ら納涼歌舞伎や平成中村座やコクーン歌舞伎など、新天地を開拓した。その動きがあまりにも華やかだったのでよく見えなかったが、公演記録をよく見れば、勘三郎も歌舞伎座の大一座から、はじかれていた。歌舞伎座では冷遇されていたので、勘三郎は歌舞伎座以外に活路を見出したのである。

芝翫は義兄・勘三郎についていけばよく、それはそれで実りがあった。さらには大河ドラマなどテレビに活躍の場を求めたこともあった。だがそうすることでますます、歌舞伎座で菊五郎世代と共演する機会は少なくなり、上の世代との断絶を示す口上となった。

芝翫にはもうひとつ断絶がある。

芝翫の家、中村歌右衛門家はもともとは女形専門の家ではなかったが、五代目歌右衛門から女形となり(立役の当たり役もあるが)、六代目歌右衛門は女形の頂点を極め、先代の七代目芝翫も女形だったため、「家の藝」は女形のものばかりだ。その藝の継承は兄・福助が担うはずで、事実、順調に継承していた。対して芝翫は、父の名は継いだが芸は継げない。ねじれた襲名となっただが「芝翫」としての立役の「家の藝」がないのかというと、そうでもない。明治三十二年に亡くなった四代目芝翫にまで遡れば、「芝翫型」として伝えられている芸がある。

歌舞伎座で上演されている古典は、その多くが明治期に九代目市川團十郎によって近代的に改良された型で演じられる。四代目芝翫はそのひとつ前の世代で、團十郎型が主流になるとそれを継承する役者がいなくなった。したがって、八代目芝翫は、「芝翫型」を先輩から教わるのではなく、自分で研究していかなければならない。苦労するが、自由でもある。

八代目芝翫が襲名にあたって選んだ芝翫型は『熊谷陣屋』で、たしかに、これまで見慣れていた「熊谷陣屋」とは印象がだいぶ違った。

「先代（父）とそっくり」であることをアピールし、血と芸の継承を披露するのが、普通の襲名だが、芝翫の場合そういう要素は希薄で、それだけに、新しい芝翫の前途はなかなか大変である。

そして歌右衛門は

芝翫襲名の際には、そういえば福助はどうしているのだろう、歌右衛門襲名はどうなるのだろうと話題になった。

福助が病に倒れてからの息子・児太郎は、成長著しい。素顔がいわゆる美少年ではなく、体格もがっしりした感じだったので、無理して女形をしなくてもいいのではと思ったが、そんなことはなかった。同世代のなかでは性格もおとなしいのか前へ前へと出るタイプではなさそうだが、玉三郎と同座し、なにがしかを伝えられているうちに、開花しつつある。位の高い役を堂々とできるようになったし、悲劇的な境遇の役での哀れさがうまい。

いまはスター性には欠けるが、これも脚光を浴びていくうちにどうにかなるものだ。

福助の復帰が無理ならば、七代目は福助に贈り、児太郎が八代目歌右衛門を襲名するなどの措置をとってもいいのではないだろうか。

第三話　雀右衛門奮闘記

谷間の世代

二〇一〇年四月に歌舞伎座が閉場し、二〇一三年四月に新開場するまでの間に亡くなったのは、團十郎と勘三郎だけではない。その上の世代の名優たちも相次いで亡くなった。

二〇一一年一月三日に五代目中村富十郎が八十一歳で、十月十日に七代目中村芝翫が八十三歳で、二〇一二年二月二十三日に四代目中村雀右衛門が九十一歳で、亡くなったのだ。この世代で元気なのは、坂田藤十郎だけとなる。

みな高齢で、いつ何があってもおかしくない年齢だったので、團十郎や勘三郎のときほどの衝撃はなかったにしろ、この世代の名優の多くが、「歌舞伎座のない間」に亡くなり、第五期歌舞伎座の舞台を踏めなかったことは「谷間の世代」の不遇さを象徴しているようだった。

富十郎・雀右衛門・芝翫たちのすぐ上には、「戦後第一世代」と呼ばれた煌びやかな名優たちが群雄割拠していた。そのため、彼らに歌舞伎座で主役がまわってくるのは、第一世代が舞台を去ってから、つまりは平成になってからのことで、六十歳を超えていた。もちろん彼らも昭和時代にも歌舞伎座で主役をつとめたことはあるが、その数は第一世代に比べれば少ない。とくに雀右衛門と芝翫は女形で、第一世代には歌右衛門と梅幸というあまりにも大きな名女形がいたので、役がつかなかった。

そして、ようやく第一線に立てたと思ったら、第一世代の息子たちに追い抜かれた。それゆえ、「谷間の世代」と呼ばれた。

この山頂と谷間の関係はそれぞれの息子たちも繰り返すことになる。

当代の雀右衛門と芝翫、鴈治郎たちも谷間の世代である。

先代の芝翫と雀右衛門が相次いで亡くなったのに連動し、当代の芝翫と雀右衛門は二〇一六年に相次いで父の名を襲名した。

先代の死から四年での襲名で、まだ偉大な父の記憶が人びとの間にも残っている。比較されるのでやりにくい面もあるが、十年以上の間があくと、先代が神格化されていくので、もっとやりにくい面もあるだろう。

新しい雀右衛門は五歳上に坂東玉三郎という絶対的存在の女形がいて、同年にも中村時蔵がいるため、これまで歌舞伎座では大役がまわってこなかった。本人の実力以外の要因で、力を発揮できる機会が少なかったのだ。

ひとは、親を選べない。それはすなわち、生まれた所と生まれた時代を選べないということでもある。上と下とに挟まれている昭和三十年代世代にとっては、よほどがんばらないと、歴史は繰り返してしまうだろう。

十年以内には、次の「山頂の世代」である染五郎の幸四郎襲名に続き、海老蔵の團十郎襲名、菊之助の菊五郎襲名があるはずだ。彼らは常に話題の中心となる。海老蔵など、意図せずに「話題の人」となってしまう。雁治郎襲名も雀右衛門襲名も、一般のニュースにはならなかったが、海老蔵や菊之助の二歳の長男が歌舞伎座に「初御目見得」することは大々的に報じられる。そういうものなのだ。


雀右衛門の先代から当代への藝の継承はストレートだった。父子とも女形で、容姿も似ている。だがこの家で、父から子へと同じ名跡が継承されるのは初めてだった。

四代目中村雀右衛門は六代目大谷友右衛門の子として生まれ、父の死後、七代目友右衛門となった。この友右衛門は江戸歌舞伎の大名跡のひとつだ。それなのに、なぜ雀右衛門になったかというと、「友情」からだった。

七代目友右衛門は三代目雀右衛門の子・五代目芝雀（死後追贈された名）と親友だった。しかし、その芝雀が戦死し、雀右衛門家には跡取りがいなくなった。三代目の妻は「息子の親友」である友右衛門に、どうか雀右衛門を襲名してくれと懇願した。彼はそれを受け入れて、親子でも師弟でもないのに、一九六四年に雀右衛門の名を継いだのだ。

三代目雀右衛門は立役も兼ねていたが女形が基本だった。だが、四代目雀右衛門にとっては親友の父でしかなかったので、その藝を教わったわけでもない(三代目は一九二七年に亡くなっている)。女形への転向は岳父・七代目幸四郎からの勧めだった。四代目雀右衛門は七代目幸四郎の娘と結婚したので、いわゆる高麗屋三兄弟(十一代目團十郎、初代松本白鸚、二代目尾上松緑)とは義理の兄弟なのだ。たしかに当時の劇界にはこの三兄弟の他に十七代目勘三郎もいたし、立役では大役がつかない可能性が高かった。女形への転向は正しかった。

友情で雀右衛門となったはいいが、「友右衛門」はどうなるのか。幸いにも、彼にはふたりの男子がいたので、雀右衛門襲名と同時に、長男が八代目友右衛門となり、次男が雀右衛門家の名である中村芝雀を襲名した。その芝雀が、二〇一六年に五代目雀右衛門を襲名したのだ。

女形のハンディ

先代の雀右衛門と芝翫は一般には知名度が低かった。「芝翫」を「しかん」と読める人は少なかっただろう。芝翫が亡くなった際のスポーツ新聞の見出しには、次男・橋之助の妻である三田寛子の名のほうが大きく出ていた。

知名度が低かった理由は、ふたりとも女形だったため、テレビドラマに出る機会がなかったからだ。

実は四代目雀右衛門は前名の大谷友右衛門時代には、佐々木小次郎を当たり役とする映画スターだったので、年配の人の間では雀右衛門よりも大谷友右衛門の名のほうが知られていた。だが、一九五五年に歌舞伎に復帰し、六四年に雀右衛門を襲名してからは映画・テレビには出ていない。歌舞伎役者も一般的にも広く知られるためにはテレビに出る必要がある。あの中村歌右衛門ですら一般的には知られてなく、「うたえもん」と言えば映画スターの市川右太衛門だった。

幸四郎は大河ドラマで二度の主演をし、ミュージカルにも出ている。菊五郎は最近こそテレビには出ていないが、大河ドラマ『源義経』に出たし、妻が富司純子だ。吉右衛門にはテレビの当たり役『鬼平犯科帳』があり、片岡仁左衛門も孝夫時代はテレビによく出ていた。テレビドラマに出ていないのに有名なのは、坂東玉三郎くらいで、まさに彼は例外中の例外だ。

そのため、いまの二十代の役者は、笑いものにされることを覚悟でテレビのバラエティにも積極的に出て顔と名前を売っている。

新しい雀右衛門は父同様に女形なので、テレビとは縁がない。だが、芝翫となった橋之助は、女形ではないので大河ドラマをはじめテレビドラマによく出ているし、妻がアイドルだった三田寛子でもあるので、一般的知名度は高い。父とは異なり女形ではないので、今後もテレビドラマに出る機会もあるだろう。

その知名度の違いからなのか、歌舞伎座での雀右衛門の襲名披露公演は一ヵ月だったが、芝翫のは二ヵ月にわたった。

先代の功績だけを考えれば、雀右衛門のほうが上だった。芝翫が主役のことはめったになかったが、雀右衛門は短い期間ではあったが、「女形の最高峰」だった。芝翫は文化功労者止まりだが、雀右衛門は文化勲章を受章している。雀右衛門が一ヵ月で芝翫は二ヵ月なのには違和感があったが、興行ビジネスとして、松竹は冷徹な判断を下したのであろう。

襲名披露公演は、襲名する当人の実力と人気と先代の功績、さらにはその家の劇界でのポジションなど、さまざまな事情が絡み、それと松竹の経営上の思惑が合致して行なわれることを、改めて思い知らされた。

休みなしの襲名ロード

二〇一六年三月の歌舞伎座での五代目雀右衛門襲名披露演目は、『鎌倉三代記』「絹川村閑居の場」の時姫、『祇園祭礼信仰記』「金閣寺」の雪姫のふたつだった。女形の大役である「三姫」のうちのふたつだ。雪姫は二〇〇九年五月に新橋演舞場でつとめていたが、時姫は初役だった。

どちらも大役で見せ場がある。しかし、徳川時代に作られた歌舞伎は、基本的に女性は脇役でしかない。世の中が男性中心だったのだから演じられる芝居も男が中心のドラマだ。女帝と称された歌右衛門が『伽羅先代萩』や『籠釣瓶花街酔醒《かごつるべさとのえいざめ》』、あるいは『京鹿子娘道成寺』ばかりやっていたのは、女が主役の芝居がこれくらいしかなかったからだ。

「三姫」と呼ばれる「金閣寺」の雪姫も、『鎌倉三代記』の時姫も、『本朝廿四孝』の八重垣姫も女形のなかでは大役だが、それでも、芝居全体のなかでは立役のほうが目立つ。

せっかくの襲名披露公演なのだから、雀右衛門は『京鹿子娘道成寺』でもやればいいのにと思ったが、遠慮がちな性格のようなので、そのせいなのか、歌舞伎座ではできなかった（京都での襲名披露公演でようやく、上演した）。

二十一世紀になってからの歌舞伎の大名跡の襲名で女形は、この雀右衛門が初めてだ。これを見て女形の襲名はなかなか難しいものだと思った。

四月の雀右衛門は、歌舞伎座の通常の「大歌舞伎」に出て、夜の部で上演された新作『幻想神空海』（夢枕獏原作、戸部和久脚本、齋藤雅文演出）で楊貴妃を演じた。これは襲名とは関係がない公演で、三月の主役だった女形は、一ヵ月にして大勢の役者のひとりというポジションに戻った。

このあと一年以上にわたり、雀右衛門は歌舞伎座以外の劇場では襲名披露公演で主役となったが、歌舞伎座では幹部のひとりとしての扱いで出演していた。

これは雀右衛門にかぎらないが、襲名披露公演では主役級の役をつとめるので、今後もこういう役をやっていくのかと観客は思うが、それが終わると元に戻ることはよくある。もちろん雀右衛門の場合、「元に戻る」といっても、すでに女形としてはトップクラスなので、脇役に下がるわけではない。


雀右衛門は五月は歌舞伎座「團菊祭」に出た。この年の團菊祭は菊之助の長男、寺嶋和史の初御目見得が売り物で、その『勢獅子《きおいじし》音羽花籠《おとわのはなかご》』に雀右衛門は居並ぶ芸者のひとりとして出ただけだった。

六月は博多座での襲名披露公演となった。昼の部で仁左衛門が熊谷次郎直実をつとめた『熊谷陣屋』で相模、夜の部では歌舞伎座では演じなかった「三姫」のひとつ『本朝廿四孝』の八重垣姫をつとめた。八重垣姫はこれまで「奥庭」の場は二〇〇二年十一月の歌舞伎座、「狐火」の場は二〇〇六年四月に御園座でつとめたが、「十種香」でつとめるのはこれが初めてだった。雀右衛門は歌舞伎の女形の大役とされる「三姫」を本格的に演じる機会がなかったのである。まさに谷間の世代の悲哀と言える。

そして休む間もなく七月は大阪松竹座で襲名披露公演だった。私は博多座へは行けなかったが、大阪は行った。昼の部は藤十郎との『夕霧名残の正月』の夕霧と、仁左衛門の与三郎で『与話情浮名横櫛』のお富、夜の部も仁左衛門と『鳥辺山心中』でお染をつとめた。これまでの三劇場のなかではこの大阪松竹座がいちばん、やりがいのある役に見えた。

八月・九月は地方巡業で全国各地をまわっていた。演目は『仮名手本忠臣蔵』七段目の遊女お軽で、由良之助は幸四郎、寺岡平右衛門は梅玉だった。珍しく、東京の新宿文化センターでも公演があったので行ったが、気の毒なくらいガラガラだった。東京在住の歌舞伎ファンは歌舞伎座にいつでも行けるので、よほど珍しい演目、配役でもないかぎり、見に行かないのだろう。『仮名手本忠臣蔵』七段目は毎年のように歌舞伎座で上演されるし、間の悪いことに、十月からは国立劇場で『仮名手本忠臣蔵』の通し上演があり、当の雀右衛門が同じ役をつとめることになっていた。地方での客の入りがどうだったのか分からないが、これは営業政策上のミスだ。

巡業は松竹が各地の主催者（自治体かその関連団体がほとんど）に興行として売るものなので、客が入ろうが入るまいが松竹には関係がない。主催者も文化事業としてやっているので興行として当てようという意識が希薄だ。儲からなくていい。つまり客が入らなくてもいい。そのため、こういう、まさに観客不在の公演が生まれる。役者に気の毒である。

雀右衛門は巡業が終わると休む間もなく、十月は歌舞伎座で芝翫の襲名披露公演に出て、『幡随長兵衛』で、新しい芝翫がつとめる長兵衛の女房お時をつとめた。

十一月は国立劇場の『仮名手本忠臣蔵』の三ヵ月にわたる完全通し上演の二ヵ月目で、雀右衛門は七段目のお軽をつとめた。この公演では由良之助は吉右衛門、平右衛門は又五郎だった。

十二月は毎年、京都・南座での唯一の歌舞伎公演、「吉例顔見世興行」だ。顔見世は十一月という徳川時代からの伝統があるので十一月三十日が初日となる。だがこの年は、南座が耐震工事をするために使えなくなり、先斗町歌舞練場が代理の会場となった。南座と比べてかなり狭い劇場である。五百席あるかないかではなかろうか。

どうも、不運である。歌舞伎座で襲名はできたが、南座ではできなかったのだ。翌二〇一七年十二月に京都で襲名披露興行をする芝翫も同じだった。「谷間の世代」はこういう巡り合わせになってしまう。

雀右衛門は京都では『仮名手本忠臣蔵』「道行旅路の嫁入」で藤十郎の戸無瀬でその娘の小浪、『廓文章』「吉田屋」で仁左衛門の伊佐衛門で夕霧をつとめ、ようやく『京鹿子娘道成寺』を踊ることができた。このときは押戻しが付き、大館左馬五郎照剛は市川海老蔵がつとめた。雀右衛門の親戚でもあるのに、海老蔵はこれまでの襲名披露公演に出ていなかったが、ようやく出演したのである。

二〇一七年になっても雀右衛門は休みがなく、一月・二月・三月と歌舞伎座に出た。三月の歌舞伎座では、海老蔵の『助六』で揚巻をつとめ、襲名披露とは銘打たれていなかったが、襲名の総仕上げのような感じがした。

だが、まだ終わらない。四月は襲名披露公演で、四国のこんぴら大歌舞伎の金丸座へ行き、『忍夜恋曲者《しのびよるこいはくせもの》』「将門」の傾城如月実は滝夜叉姫と、『芦屋道満大内鑑』「葛の葉」の葛の葉姫・女房葛の葉をつとめた。「将門」の大宅太郎光圀は松緑、「葛の葉」の安倍保名は兄・友右衛門だった。

五月はさすがに休みだったが、二〇一六年三月の歌舞伎座での襲名披露公演から巡業を含めて十三ヵ月連続して、雀右衛門は舞台に立っていたのである。

六月は歌舞伎座で三役をつとめた。この六月の歌舞伎座は、大看板として幸四郎、吉右衛門、仁左衛門が揃ったが、彼らの共演はひとつもなかった。みな自分が得意な役、やりたい役をやっているので、ひとつの興行としてのまとまりもなく、別々の劇場をハシゴして見ているような感覚になった。

このバラバラな大幹部たちを、結果的に束ねているのが雀右衛門だった。吉右衛門の『弁慶上使』でおわさ、幸四郎の『鎌倉三代記』で時姫、仁左衛門の『御所五郎蔵』で皐月と、三役をつとめ、陰の主役と言ってよかった。

歌舞伎に出てくる女性は自分を殺して耐えることが多く、雀右衛門はそういう役が合う。そして、うまい。だから、うまければうまいほど地味な印象になり、損な役回りだ。性格的にも、前に出ていくタイプではなさそうで、目立たない。だが、これだけ大役が続くと、地味だけど、存在感はある。

ようするに、福助が病に倒れ、玉三郎があまり歌舞伎座に出なくなっているので、同年の時蔵もそうだが、雀右衛門は大幹部たちの相手役として引っ張りだこなのだ。

便利に使われて消耗し、ダメになっていく役者もいる。そうならないことを願うのみだ。

雀右衛門の襲名披露公演は、七月の巡業で、ようやく終わった。吉右衛門と全国をまわり、『妹背山婦女庭訓』「三笠山御殿」のお三輪をつとめた。

八月は本公演はなかったが、九月からは、少なくとも二〇一八年二月まで連続出勤が続く。九月は歌舞伎座の秀山祭で吉右衛門の『逆櫓《さかろ》』と『再桜遇清水《さいかいざくらみそめのきよずみ》』、十月は国立劇場で仁左衛門の『霊験亀山鉾』、十一月は歌舞伎座の顔見世で吉右衛門の『奥州安達原』、十二月は国立劇場で吉右衛門・菊之助の『隅田春妓女容性《すだのはるげいしゃかたぎ》』と続き、さらに二〇一八年も一月・二月の高麗屋の襲名披露公演には両月とも出て、新しい松本白鸚の『寺子屋』の戸浪、吉右衛門の『井伊大老』でお静の方、新しい幸四郎の『熊谷陣屋』で藤の方をつとめる。

いま、最も見る機会の多い女形は、雀右衛門なのである。

第四話　音羽屋繁盛記

松也、浅草歌舞伎の座頭に

浅草公会堂で年に一回、正月だけの歌舞伎公演は、「新春浅草歌舞伎」と銘打たれ、若手が中心となる。

二〇一四年までは、年によって異なるが、市川猿之助、片岡愛之助、中村勘九郎、中村七之助、中村獅童、中村亀鶴、市川男女蔵らが出ていたが、彼らは浅草を「卒業」し、二〇一五年から、平成生まれの十代、二十代の役者が出ることになった。

まだ一般的知名度は低い役者もいると思うので、カッコ内に父の名も示すと、中村児太郎（福助）、中村隼人（錦之助）、坂東巳之助（三津五郎）、中村歌昇（又五郎）、中村種之助（又五郎）、中村米吉（歌六）、中村梅丸（梅玉の部屋子）らである。

彼らを、一九八五年（昭和六十年）生まれの尾上松也が座頭として率いている。

松也の座頭も異例の抜擢である。松也は年齢的には勘九郎や七之助と同世代で、これまでも浅草歌舞伎に出たこともあるが、主役ではなかった。松也は六代目尾上松助の長男だが、いわゆる御曹司ではない。というのも、父・松助は菊五郎劇団の脇役だったからだ。力のある役者だったが、二〇〇五年に若くして亡くなった。

菊五郎劇団は結束が固いので、二十歳で孤児となった松也をそのまま育てていた。女形として出ることが多かったが、同劇団には若い女形としては、菊之助に加えて、中村梅枝、尾上右近がいて、出番がなくなりつつあった。

自分でも置かれている状況が分かっていたのだろう。松也は二十四歳になる二〇〇九年から自主公演「挑む」を意欲的に打って出るなどして、立役にも挑戦し、自分の存在をアピールしていた。

松也がまだ一般的には無名だったころに抜擢したのが海老蔵だった。二〇〇八年に海老蔵がこんぴら歌舞伎で座頭をつとめたときに松也を同座させ、『角力場《すもう》』で山崎屋与五郎と放駒長吉という大役に抜擢し、立役もできることを示した。さらに二〇一三年の浅草の新春歌舞伎で海老蔵が一年だけの座頭となると、松也を出して『対面』の曽我五郎に抜擢し、荒事を経験させた。

松也は少しずつ知名度も上がり、一四年夏にはコクーン歌舞伎で勘九郎、七之助と肩を並べるまでにポジションを上げてきた。バラエティ番組にもよく出ているが、これも知名度を上げるためだ。役者としての才能と努力はすさまじいものがある。

その松也が、いままでの努力が報われ、二〇一五年十月の歌舞伎座の一番目『音羽嶽だんまり』ではついに、看板に最初に名が出る「書き出し」となった。そして、浅草ではさらに若い世代をまとめる立場に抜擢されたのだ。

近年、知名度も高くなってきた松也は、テレビのバラエティ系番組によく出ているので、軽薄なイメージもたれ、ふざけているとの批判もあるようだが、ちゃんと歌舞伎への出演も続いている。バラエティに出るのは歌舞伎公演の宣伝を兼ねてのものが多く、そこまでしないと客が来てくれないとの危機感の表れであろう。

浅草の新春歌舞伎では二〇一六、一七年も座頭をつとめ、若手を引っ張った。

歌舞伎座をはじめとする大歌舞伎では、高麗屋の幸四郎や染五郎の相手役として起用されることも多くなっている。帝劇でのミュージカルや新派へも出るし、二〇一七年の大河ドラマ『おんな城主直虎』では今川氏真を好演した。

尾上右近の飛躍

菊五郎劇団は、毎年一月は国立劇場で、「菊五郎劇団」と名乗って公演する。徳川時代以降、めったに上演されなくなった昔の芝居を蘇らせる試みをずっと続けている。復活上演と謳われるが、実質的には新作に近い。

現在の菊五郎劇団は、菊五郎が座頭で、敵役に市川左團次、立女形が中村時蔵という布陣だ。時蔵は血筋からいうと吉右衛門と同族なのだが、菊五郎劇団に入っている。左團次は三代目からずっと菊五郎劇団だ。

このトップ三人に次世代の菊之助、松緑、坂東彦三郎・亀蔵の兄弟、さらに下の世代が、時蔵の子の梅枝と萬太郎、尾上右近となる。

右近は大正から昭和前半にかけての名優・六代目尾上菊五郎の女系のひ孫（娘の孫）にあたる。さらに右近の母は映画スター鶴田浩二の娘である。菊五郎家からみても、鶴田浩二家からみても、「女系の男子」となる。父は清元の家元、七代目清元延寿太夫と、これまた名門だ。

役者を褒めるのに、「声よし、顔よし、姿よし」という言葉があるが、尾上右近は菊五郎・延寿太夫・鶴田浩二の三つの血を継いで、そのすべてを備えている。だが「歌舞伎役者の子」ではないというハンディがあり、これまでは知る人ぞ知る存在だった。

右近はこの状況を打破するため、二〇一五年から「研《けん》の會《かい》」と名付けた自主公演を始め、一六年、一七年も成功させ、一八年も予定している。どの年も国立劇場小劇場を借りて開催された。

自主公演とはその名の通り、役者が自腹を切って劇場を借り、役者やスタッフを雇って（無償で協力してくれる人もいる）上演するものだ。数日間だけの上演だが、大道具も小道具も音楽も普段の歌舞伎上演と同水準のものを用意し、台本も省略なしに上演する。歌舞伎座は二十五日間の興行なので、舞台はどうしてもルーチンワーク化するが、数日だけの自主公演は、まさに人生をかけての大芝居なので、気迫にみなぎり、見応えがある。

二〇一五年の「研の會」は『義経千本桜』の「吉野山」と『春興鏡獅子』を上演した。猿之助が客演し、「吉野山」で静御前をつとめ、右近は佐藤四郎兵衛忠信実は源九郎狐をつとめた。さらに右近は、曽祖父六代目菊五郎の当たり役である『春興鏡獅子』を舞った。その姿が、国立劇場のロビーにある平櫛田中作の六代目菊五郎の鏡獅子の彫刻と面影がよく似ていて、驚いた。これまで菊五郎のもとで歌舞伎座などに出るときは娘役が多かったので、立役は新鮮だった。

二回目の二〇一六年は市川染五郎が客演し、同世代の中村米吉、種之助なども共演した。『仮名手本忠臣蔵』の五段目と六段目で右近は勘平をつとめ、お軽は米吉、斧定九郎と不破数右衛門を染五郎がつきあい、『船弁慶』では右近が静御前・平知盛の霊、染五郎が武蔵坊弁慶、種之助が舟長三保太夫だった。右近の役は六代目菊五郎の当たり役で、難役・大役だった。右近はその継承者であることをアピールしたのだ。終演後の挨拶でも、「いつか本興行で」と意欲を表明した。セルフプロデュース力にも長けている。

尾上菊五郎家は市村羽左衛門家・坂東彦三郎家とは複雑な親戚関係にあるので、この両家の役者も劇団で重要な位置にいる。二〇一七年五月に三代四人が襲名した坂東楽善、彦三郎、亀蔵、亀三郎、そして楽善の弟の河原崎権十郎、市村萬次郎とその子の竹松である。

大役が続く菊之助

菊五郎劇団の役者たちは親や祖父の代からメンバーが固定されているので、アンサンブルはいい。破綻がない。そこがいいとも言えるし、意外性がないとも言える。

海老蔵がやがて團十郎を襲名するように、菊之助が菊五郎になることも決まっている。菊之助は天性の美貌（母・富司純子の血も流れている）もあって女形が多かったが、菊五郎になるからには立役をしなければならないので、最近は、女形が減っている。当代の菊五郎も若いころは女形だったが、すっかり立役になっているので、それがこの家の伝統ということになる。だが立役だけになるには、菊之助はあまりにも美しく、もったいない。

菊之助は将来の菊五郎襲名に向けて、着々と布石を打っている。

二〇一五年一月の『南総里見八犬伝』でも、これまで父・菊五郎が演じていた役（犬塚信乃）を演じた。染五郎同様に、親の庇護の下でいい役をもらっているわけだが、そろそろ観客に「父よりも、いいじゃないか」と思わせなければいけない。しかし、どうもそこまでの域には達していない。

菊之助はこれにかぎらず、大役が続いている。たとえば二〇一五年前半だけでも、一月は国立劇場で菊五郎劇団の『南総里見八犬伝』。二月は歌舞伎座に出て『関の扉』の小野小町姫と傾城墨染と、『一谷嫩軍記』の「陣門・組打」の小次郎と敦盛。三月は歌舞伎座の『菅原伝授手習鑑』で桜丸をつとめた。

四月の金丸座での四国こんぴら歌舞伎大芝居は「菊五郎と左團次抜きの菊五郎劇団」の座組（このふたりは歌舞伎座に出ている）だった。繰り上がって中村時蔵が座頭となり、尾上菊之助、尾上松緑、尾上松也、尾上右近、中村梅枝、坂東亀三郎、坂東亀寿ら菊五郎劇団の花形が藝と美を競った。菊之助は『伊勢音頭恋寝刃』『御所五郎蔵』で、どちらも立役の主役だった。

実父・菊五郎と義父・吉右衛門というふたりの大幹部に引き立てられる立場となり、最も恵まれた環境にある。

菊五郎劇団は人材豊富で後継者も揃っているのだが、みな真面目過ぎて、肩の力を抜いて観客を楽しませる従来の劇団の特徴が消えつつある。本来の劇団の気風を備えているのは松也なのだが、彼がこの舞台に同座しても、この空気を変えるのは難しい。現在が完成形のように見えてしまう。将来、いまよりも面白くなる期待感がないのだ。とあれこれ書いたが、これは難癖に近い。潜在している能力への期待が大きいのである。

暗黒面《ダークサイド》で新境地の松緑

菊之助ほどではないが、松緑も恵まれている。

松緑は舞台の話題よりも、ときにブログが物議を醸す。あまりにも感情をむき出しに書いているからだ。精神的な不安定さを感じさせることも多い。大幹部役者の家の御曹司として生まれながらも若くして祖父と父を相次いで失くし、ひとには言えない苦労、屈辱があったのかもしれない。たしかに、再従兄弟である海老蔵、染五郎と比べれば、美男子とは言いがたく、一般的な知名度も低い。華やかな役は向いていないと判断されたのか、まわってこない。

そういう松緑が、評価を高めたのが、二〇一七年十一月の国立劇場の『坂崎出羽守』だった。暗そうな話だし、あまり行く気がせず、チケットも買わなかったのだが、あるコンサートでたまたま会った歌舞伎の専門家の方から、「見なさい」と強く言われたので見に行ったところ、驚いた。暗黒面に落ちていく男の話なのだが、松緑はその絶望と焦燥と孤独を見事に演じていた。

こういう役者も必要なのである。評価を改めて、翌十二月の歌舞伎座も楽しみにしていたが、『蘭平物狂』は、期待通りだった。罠にはめたつもりが罠にかかる男の役で、悲壮感が漂う。これは現役の役者では松緑しかやったことがない役で、今後も、主要レパートリーにするのかと思ったら、筋書のインタビューでは今回が最後になると語っていた。何らかの考えがあるのだろうが、こういう期待の裏切り方もこの役者らしいとも言える。

何かをしでかしそうな危険なところが、魅力となりそうだ。

菊五郎の気概

二〇一七年五月の歌舞伎座「團菊祭」は盛りだくさんだった。芸能ニュース的には、寺島しのぶの四歳の息子・寺嶋眞秀《まほろ》の「初御目見得」が話題だった。眞秀は、昼の部『魚屋宗五郎』にセリフのある「丁稚」の役で登場し、花道をひとりで歩いて往復した。この花道が長い。普段はあまり感じないが、子供なので時間がかかるのだ。常套句を用いれば、「彼の役者としてのこれからの長い道のりを象徴していた」となる。

もうひとつの話題は、坂東彦三郎家の三代・四人同時襲名だった。「坂東彦三郎」は、一般的な知名度は低いが、大名跡のひとつで、尾上菊五郎家と市村羽左衛門家と親戚関係にある。ここ数代は、脇役の名優が続いた。

坂東家の八代目彦三郎が初代楽善を名乗り、長男・亀三郎が九代目彦三郎を、次男・亀寿が三代目亀蔵を襲名、さらに彦三郎の三歳の長男が六代目亀三郎を襲名し「初舞台」であった。

親が脇役だと子も脇役としてのスタートとなってしまう。彦三郎・亀蔵の兄弟は、顔もよければ声もよく通る役者だったが、これまで歌舞伎座では脇役ばかりだった。しかし襲名なので、彦三郎は昼の『梶原平三誉石切』、夜の『壽曽我対面』で主役をつとめた。弟の亀蔵はこのふたつでは脇役で兄を盛り立て、最後の舞踊『弥生の花浅草祭』では、松緑とふたりで四役を踊り通した。

ふたりとも主役をつとめられる力が充分にあったのに、機会に恵まれなかった。この襲名で実力をアピールし、それが人気につながれば、今後も主役の機会があるだろう。だが、五月の歌舞伎座以後、彦三郎・亀蔵の襲名披露公演は予定されていない。松竹はふたりを大々的に売り出す気はなさそうだ。それでも若手が主軸となる座組では大きな役がまわってくるようになってはいる。

この月、次世代の「團・菊」として、生まれたときから主役の海老蔵・菊之助は、昼の部『吉野山』で共演し、夜の部『伽羅先代萩』では出る場面が異なるので競演となった。ふたりの共演機会が少なくなっているのが残念だ。

若手ががんばるなか、圧倒的な存在感を見せるのは、『魚屋宗五郎』での菊五郎だった。世代交代の準備は怠らないが、オレはまだまだやるよ、という気概を感じた。

菊之助の大勝負

二〇一六、二〇一七年も浅草歌舞伎は尾上松也が座頭となった。松也は歌舞伎座でも大きな役を演じるようになった。

二〇一七年十月、歌舞伎座での「芸術祭十月大歌舞伎」での新作『マハーバーラタ戦記』でも松也は、菊之助の適役として堂々と渡り合うまでになった。

この『マハーバーラタ戦記』はインドの神話的叙事詩を原作とする。企画し、主演したのが、尾上菊之助である。菊之助は同世代の海老蔵、染五郎が次々と新作に挑んでいるなか、この世代では一歩遅れていた感じがあったが、大逆転を狙った。

しかしよく考えてみると、歌舞伎座で新作歌舞伎を上演した点では、誰よりも菊之助が先駆けていた。十二年前の二〇〇五年七月大歌舞伎での『NINAGAWA十二夜』こそが海老蔵世代が中心になった新作として最初の大作かもしれない。シェイクスピアの『十二夜』を舞台と登場人物を日本に置き換え、蜷川幸雄が演出した。

二〇〇五年は勘三郎襲名の年でもあり、歌舞伎座では三月から五月がその襲名披露興行で、五月には『野田版研辰《とぎたつ》の討たれ』の再演、八月の納涼歌舞伎では串田和美演出の『隅田川続俤《ごにちのおもかげ》』(法界坊)が上演され、その間の七月に『十二夜』が上演された。

この二〇〇五年の歌舞伎座は、野田秀樹、蜷川幸雄、串田和美が相次いで演出し、新しい時代が到来した印象だったのだ。

あれから十二年が過ぎて、再び菊之助は大勝負に出た。

海老蔵のように、毎年のように新作を作るのではなく、菊之助は十年に一度くらいのサイクルで大作を放つタイプのようだ。もっとも、正月の国立劇場では毎年、実質的な新作に参加しているが、これは父・菊五郎の仕事だから、菊之助色は薄い。

中村吉右衛門の娘と結婚してからの菊之助は、父・菊五郎と同座するだけでなく、岳父・吉右衛門の相手役もつとめるようになり、海老蔵や染五郎が新作に挑んでいる間、古典ばかりをやっている印象だった。

だが、こういうプロジェクトを準備していたのである。

海老蔵や勘三郎は父の後ろ楯がなく、歌舞伎座以外の場で、新しい試みをしていたが、菊之助は父が健在のもとで、歌舞伎座での大掛かりな新作を作る。しかも、インド政府を巻き込んで。恵まれたポジションにいる者は、それを利用するのが義務でもある。

第五話　高麗屋三代記

二度目の三代同時襲名

二〇一八年一月に、松本幸四郎家、高麗屋は三代が同時に襲名した。

九代目松本幸四郎が二代目松本白鸚、七代目市川染五郎が十代目松本幸四郎、四代目松本金太郎が八代目市川染五郎、とそれぞれ父の名を襲名した。まだ襲名して間もないので、どうしても「幸四郎」というと九代目のことを思ってしまい混乱するので、代数で記す。

二〇一七年五月の坂東彦三郎家、さらには二〇一二年の市川猿之助家も三代が同時に襲名し、最近はこのケースがよくある。最低条件として祖父、父、子の三代が現役の役者でなければならないから、どの家でも可能というわけではない。たとえば、いまの市川團十郎家にはできない。

三代同時襲名を史上最初に行なったのが、他ならぬ、松本幸四郎家だった。

一九八一年十月に、八代目幸四郎が白鸚を名乗り、六代目市川染五郎が九代目幸四郎となり、三代目松本金太郎が七代目染五郎になったのだ。この年、九代目幸四郎は三十九歳、七代目染五郎は八歳だった。

白鸚は病を得ており、自分でもそう長くないと分かっていたので、この三代同時襲名を行なった。そして息子と孫の襲名を見届けて二ヵ月後の一九八二年一月十一日に七十一歳で亡くなった。白鸚の名で舞台に出たのは、この襲名披露公演の二ヵ月だけで、十一月は十六日から二十三日までは休演した。

それから三十七年目に、再び三代同時襲名となる。二代目白鸚は七十五歳、十代目幸四郎は四十四歳、八代目染五郎は十二歳での襲名だ（十代目幸四郎は一月生まれなので披露公演中に四十五歳）。九代目幸四郎の祖父・七代目は役者の家に生まれたのではない。日本舞踊藤間流宗家の養子となり、九代目團十郎の弟子になった。

七代目幸四郎は現在の歌舞伎界の血脈の頂点にいる人だ。その孫にあたるのが、十一代目團十郎、二代目白鸚（九代目幸四郎）、二代目吉右衛門、三代目松緑、八代目大谷友右衛門、五代目雀右衛門の六人で、ふたりはすでに亡くなったが、四人はみな幹部役者である。さらにその子、つまり七代目のひ孫世代が、十代目幸四郎、海老蔵、松緑、大谷廣太郎、大谷廣松で、その次の世代が、八代目染五郎、尾上左近、堀越勸玄となる。

親戚ではあるが家はみな別なので、「松本幸四郎」となった者がこの一族の統帥となるわけではないが、血脈の中心にある名跡ではあるのだ。

弁慶役者たち

團十郎家と幸四郎家は二重三重のつながりがある。

現在の血縁で言えば、七代目幸四郎の長男が十一代目團十郎となった。歴史をもっと遡ると、二代目松本幸四郎が四代目團十郎になったのである。二代目團十郎の実子という説もあるが、はっきりしない。二代目には男子が生まれず、養子を三代目としたが襲名直後に亡くなってしまった。そこで姪を養女とし、その姪と結婚していた二代目幸四郎に四代目團十郎を襲名させたのである。この夫婦に生まれた子は三代目幸四郎を名乗っていたが、五代目團十郎となり、九代目までその血統が続いた。

團十郎家は九代目で血統は絶えてしまうが、幸四郎家も六代目で途絶えていた。それを九代目團十郎の弟子だった市川染五郎が継ぐことになった。染五郎は九代目團十郎存命中に市川高麗蔵を襲名し、一九一一年に七代目松本幸四郎となる。この家が父は「松本」なのに息子が「市川」を名乗るのはこういう経緯からで、「市川染五郎」襲名にはいまも市川宗家の許可を必要とする。

七代目幸四郎は『勧進帳』の弁慶を生涯に千六百回以上演じたとされ、「弁慶役者」と呼ばれるが、九代目團十郎存命中は演じていない。九代目が亡くなって三年が過ぎた一九〇六年が最初だった。したがって九代目から直接、習ったわけではなく、師が演じるの見て、覚えていたのだ。

だが、その九代目が弁慶を演じた機会もそう多くはない。『勧進帳』は成田屋にとっては大事なものなので、ここぞというときにしか演じないのだ。これを十二代目團十郎も踏襲していた。

七代目幸四郎によって『勧進帳』が広く知られるようになり、人気演目となったのは事実だが、だからといって弁慶を「高麗屋の藝」とするのは間違いで、あくまで市川家の「歌舞伎十八番」のひとつである。「代々の幸四郎が得意とした役」とするのが正しい。

七代目幸四郎の三人の息子はみな弁慶役者となった。十一代目團十郎と初代松本白鸚、二代目尾上松緑で、彼らの息子もまた弁慶を演じてきたが、この世代で最も多く演じているのが九代目だ。そして七代目幸四郎の曾孫世代では、海老蔵が最も多く演じている。

十代目幸四郎は弁慶への憧れを機会あるごとに語っていたが、二〇一四年十一月の歌舞伎座までつとめる機会がなかった。このときは父九代目が富樫、叔父である吉右衛門が義経で、十代目を盛り立てた。二〇一八年一月の襲名披露公演で演じるのが二度目となる。

二〇一五年十一月の歌舞伎座での十一代目團十郎五十年祭では、九代目が弁慶をつとめて『勧進帳』が上演された。

この月の九代目の弁慶は実に躍動していて、眼が離せなかった。その前月（十月）、九代目は歌舞伎を離れて、単身帝劇に乗り込んで『ラ・マンチャの男』を演じていたのだが、その気分が続いているかのようだった。

九代目は「ミュージカルでも歌舞伎でも〈現代の演劇〉として演じるのだ」というようなこと

をよく言っていて、その考えには賛同できても、九代目の弁慶のどこが現代の演劇なのかよく分からなかった。それがこの月は「現代の演劇」かどうかは別として、演劇としての面白さに溢れている『勧進帳』となっていた。

相手役の富樫が自分の子の染五郎（十代目幸四郎）で、義経が親戚の松緑（幸四郎からみて従弟の子）なので、彼が舞台のすべてを掌握し、やりたいようにやれたのがよかったのだろう。弁慶と富樫を劇の上で対等にせず、富樫を完全に脇役に追いやり、さらに主君である義経もドラマ上は脇役であるとはっきりさせることで、『勧進帳』が「弁慶の劇」であることを貫いた。

新聞評では、富樫や弁慶が若い役者なので力不足であるかのように書いてあるのもあったが、そんなことは最初から分かっていることだ。この配役が九代目の意図するものであるならば、彼は弁慶だけが目立つ『勧進帳』をやりたかったのだ。そして、それを実現した。

その結果、弁慶が余裕をもってこの危機を乗り越えていることが明確になった。彼に危機感はないのだ。その余裕は、死を覚悟しているからであり、役人にすぎない富樫は、そのエネルギーに翻弄される。主君である義経も、家臣の弁慶にコントロールされている。

『勧進帳』をそういうスーパーヒーローものとしていいのだろうかとの疑問も出るだろう。

だが、『勧進帳』は七代目團十郎が「歌舞伎十八番」のひとつとして自分のために作ったのだ。市川家の荒事のひとつなのだ。単純な構造の演劇なのだ。格式張った部分もあるが、それは本質ではないという、その原点を確認させた。

この『勧進帳』が十一代目團十郎五十年祭で上演されたことにも、ひとつの意味がある。九代目團十郎が亡くなったあと、この演目を守ってきたのは弟子の七代目幸四郎だ。そのため、本来は成田屋の「家の藝」であったはずの『勧進帳』は高麗屋のものというイメージになっていた。それを本家に戻すべく奮闘していたのが十二代目團十郎であった。その遺志を継いでいるのが海老蔵である。

その海老蔵の弁慶は破天荒なスーパーヒーロー型で面白いのだが、それゆえに批判されていた。だが、九代目がスーパーヒーロー型弁慶を歌舞伎座で演じたことで、海老蔵の正統性が確認されたことになる。

九代目が何を考えていたのかは分からないが、『勧進帳』は成田屋に返還されたのである。といって、九代目がもう『勧進帳』をやらないのではないが、それに近い意識があったのではなかろうか。

新作に挑む十代目

十代目幸四郎も染五郎時代から歌舞伎座で父や叔父・吉右衛門と同座して古典を継承するのと並行して、新作に挑んできた。

父や祖父と異なり、十代目の場合、松竹の外へ出ることはしないところが限界といえば限界だが、松竹をうまく利用してやりたいことをやっていると見れば、なかなかしたたかで頼もしい。

歌舞伎座新開場後だけでも、当時の染五郎が主役の新作はたくさん生まれた。

二〇一三年九月の『陰陽師』、二〇一四年一月の『東慶寺花だより』、二〇一六年四月の『幻想神空海』の三作が歌舞伎座で上演され、新橋演舞場では二〇一五年七月に『歌舞伎NEXT 阿弖流為《アテルイ》』、さらに二〇一五年と一六年にはラスベガスで『Koi-Tsukami "Fight with a Carp"』と『獅子王』が上演されている。その前になるが、第四期歌舞伎座末期の二〇〇七年から二〇〇九年にかけて九月の秀山祭のために年に一作ずつ作った『竜馬がゆく』三部作（司馬遼太郎作、齋藤雅文脚本・演出）もあった。

この五年間の新作歌舞伎で、最も興奮したのは、『阿弖流為』（作中島かずき作、いのうえひでのり演出）だ。二〇〇二年に劇団☆新感線が上演した『アテルイ』を歌舞伎にしたもので、そのときは十代目が劇団☆新感線に客演したが、『阿弖流為』は、中島といのうえが歌舞伎に招聘されて、十代目に加え、中村勘九郎、中村七之助以下、歌舞伎役者が演じたものだ。

古代を舞台にした物語で、坂上田村麻呂など実在の人物も登場するが、この時代は史実がほとんど分かっていないので、完全なフィクションだ。基本的に、戦いのドラマである。戦闘シーンは歌舞伎の様式の枠組みを維持しながらも、激しく、リアルで、それでいて美しいものだった。

勘九郎、七之助が大熱演で、とくに七之助は「戦う女」を演じ、圧倒させた。女形は歌舞伎では耐える役が多いので、本人としても久しぶりに身体能力のぎりぎりまで動き回り、楽しかったのではないか。躍動感に溢れ、なおかつ美しく演じた。

勘九郎、七之助のふたりを得て、十代目のエネルギーが爆発したとも言える。歌舞伎座で父・九代目と一緒に出るときは、行儀よくしなければならないので、その重圧からか、いまひとつ、劇場を制圧するだけのオーラが出ないことが多い十代目だが、『阿弖流為』では彼のナイーブさと、力強さの両面が開花していた。

ストーリーも面白く、飽きない。久しぶりに、もっと見ていたい、終わらないでほしいなあと思わせる劇だった。十代目の年齢からして、あのテンションで演じられるのも、そう長くはない。では逆に、五年前に勘九郎と七之助がここまでやれたかという疑問なので、三人の年齢と経験が最高のタイミングでの共演だった。

十代目は幸四郎襲名披露公演でこの『阿弖流為』こそを歌舞伎座で上演するべきではなかったか。あるいは、『竜馬がゆく』の通し上演もぜひ見たい。十代目のために作られた新作のなかでは、この『竜馬がゆく』はレパートリーとして残してほしい芝居だ。

松本金太郎改め八代目市川染五郎は、もしかするととんでもない役者になるかもしれない。まず、空前と言っていい美少年である。萩尾望都の描く世界からそのまま抜け出してきたかのようだ。まだそんなには舞台に出ていない頃、新橋演舞場か歌舞伎座で、母親たちと一緒にロビーにいるのを見かけたが、立っていただけなのにオーラーがあった。

襲名直前の二〇一七年十月発売の月刊誌「SWITCH」は表紙を含めて巻頭で「松本金太郎」を特集した。そこには写真とインタビューとともに、彼が書いた芝居の台本と絵も掲載されていたが、その絵が内に秘めた激しさ、天才を感じさせる。一般論として子どもが描く絵は、大人の常識に囚われないので、「天才」のように見えるものだが、そういう破天荒な絵ではない。『勧進帳』の弁慶、富樫、義経を写実として描き、多分、自分が演じたらこうなるというイメージが、そこにあった。

「演劇界」のインタビューでは「十五歳までに弁慶をやりたい」と宣言しており、頼もしい。うかうかしていると、十代目は息子に抜かれてしまうだろう。

この天才美少年を潰さずに、どう開花させるかが、高麗屋のみならず、松竹、歌舞伎界全体に問われることになる。

第六話　中村屋兄弟漂流記

勘三郎のいた場所

十八代目中村勘三郎が最後の数年に持っていた舞台の場は、歌舞伎座では一月、四月、八月（三津五郎との納涼歌舞伎）、十二月の四ヵ月、他にコクーン歌舞伎、平成中村座、赤坂歌舞伎、さらに歌舞伎ではないが二月の新橋演舞場での喜劇があった。

コクーン、中村座には、仁左衛門、海老蔵、菊之助、梅玉らが客演したこともあったが、いつも決まったメンバー、つまり勘三郎劇団ともいうべきメンバーで出ていた。歌舞伎座でも一月はひとりで舞踊を舞うことが多く、四月と十二月の公演で共演していた幹部クラスは仁左衛門と玉三郎くらいだった。

勘三郎は最も人気があり集客力もあり、マスコミにもよく取り上げられて、「歌舞伎界を代表する役者」のイメージではあったが、現実には歌舞伎の中心にはいなかった。

とくに、親戚である吉右衛門、菊五郎と共演することはめったになかった。これは仲が悪かったのではない。勘三郎が得意とする役のほとんどは当代の吉右衛門と菊五郎と重なり、共演のしようがなかった。そのため、役が重ならない仁左衛門や、女形なので相手役をしてくれる玉三郎とばかり共演していたのである。

その勘三郎が急死したことで、襲名したばかりの勘九郎と、その弟の七之助が劇界の孤児となったとき、後ろ楯になったのが、親戚である菊五郎や吉右衛門ではなく、仁左衛門と玉三郎だったのは、必然である。しかしこのふたりは大幹部役者ではあっても劇界で権勢を振るうタイプではないので、できることといえば歌舞伎座に出るときに、ふたりを共演者として指名することくらいだった。

そういう状況で、二〇一三年からの第五期歌舞伎座における中村屋は始まった。

公演記録を眺めていくと、松竹の冷徹さがよく分かる。中村屋兄弟が歌舞伎座に出る機会は、少ない。そして、その多くが玉三郎が同座する月だ。

玉三郎は親を失くした兄弟の後見人として、歌舞伎座でふたりに大役を経験させ、次の時代を見据えている。中村屋兄弟だけではない。松也や児太郎、あるいは中車といった親の後ろ楯のない役者を積極的に起用しているのだ（「玉三郎スクール」参照）。

父の盟友の死

二〇一二年二月に始まった勘九郎の襲名披露公演が続いているなかで、第五期歌舞伎座は新開場した。勘九郎・七之助兄弟は、その直前の二月は博多座、三月は赤坂歌舞伎に出ていた。歌舞伎座が開場した四月の勘九郎・七之助は、第一部『お祭り』に出たのみだ。これは「十八世中村勘三郎に捧ぐ」と銘打たれたもので、勘九郎の長男七緒八が歩いて出た。これには「初御目見得」とも謳われていないし、ポスター、チラシにもその名はない。ただこの子が出ることは報じられていたので、誰もが知っていた。そして最大の拍手を受けていた。

五月になると、ふたりは明治座の花形歌舞伎に染五郎と愛之助と出た。

次に歌舞伎座に出るのは六月で、勘九郎は『鞘當《さやあて》』の名古屋山三と『土蜘』の番卒、七之助は『壽曽我対面』の化粧坂少尉と『助六由縁江戸桜』の白玉だった。

七月の歌舞伎座は染五郎、菊之助、松緑、愛之助の出る花形歌舞伎だったが、ふたりは出ず、その次は八月の納涼歌舞伎だった。

納涼歌舞伎は勘三郎と三津五郎が松竹と掛け合って実現させ、自分たちの場として維持していたもので、この年はまだ三津五郎も元気だった。三津五郎が座頭となり、福助、扇雀、橋之助、彌十郎ら従来の顔ぶれがそろうなか、勘九郎と七之助も出たが、四番手の扱いだった。

『春興鏡獅子』は月の前半を勘九郎、後半を七之助と分け、福助がお光をつとめた『野崎村』で七之助はお染、三津五郎の『髪結新三《しんざ》』で勘九郎は勝奴、『江戸みやげ 狐狸狐狸《こりこり》ばなし』で勘九郎が又市、七之助がおきわをつとめた。勘九郎は三津五郎との『棒しばり』にも出た。

勘三郎亡きあと、彼のいたポジションについたのは三津五郎や福助、橋之助で、勘九郎と七之助ではなかった。年齢とキャリアからいって仕方がないが、観客にとってはどうだったろう。

この公演後、三津五郎は膵臓に腫瘍があると判明し手術・治療のため入院した。

中村屋兄弟が歌舞伎座で大役をつとめたのは九月の花形歌舞伎で、この月は染五郎、菊之助、松緑といったいつも歌舞伎座に出る花形に加えて、勘九郎、七之助、そして海老蔵、愛之助も出るまさにこの世代のオールスターキャストの公演だった。古典の『新薄雪物語』と新作『陰陽師』は全員が主役級で、その他、勘九郎・七之助は『吉原雀』にも出た。

十月は各地を錦秋特別公演でまわり、十一月からは兄弟は別行動となった。

勘九郎は新橋演舞場での『さらば八月の大地』（鄭義信脚本、山田洋次演出）、一月と二月は青山劇場と梅田芸術劇場で『真田十勇士』（マキノノゾミ脚本、堤幸彦演出）で主演と、歌舞伎以外での活動が続いた。

七之助は十一月と十二月とも歌舞伎座の『仮名手本忠臣蔵』に出て、十一月は足利直義、十二月は顔世御前と五・六段目のお軽をつとめた。

この最初の年、勘九郎が歌舞伎座に出たのは四、六、八、九の四ヵ月、七之助はそれに十二月を加えた五ヵ月だった。

二〇一四年、勘九郎は歌舞伎ではない『真田十勇士』に出て、新しい年を始めた。

七之助は一月は大阪松竹座での玉三郎の初春特別舞踊公演に出て、二月は歌舞伎座の花形歌舞伎に染五郎、菊之助、松緑と出て、『心謎解色糸《こころのなぞとけたいろいと》』で糸屋の娘お房と九郎兵衛女房お時、『青砥稿花紅彩画』で赤星十三郎をつとめた。

三月の歌舞伎座「鳳凰祭三月大歌舞伎」では、七之助と勘九郎は同座したが共演はない。七之助は大阪でつとめた『二人藤娘』を玉三郎と、勘九郎も玉三郎と『日本振袖始《ふりそではじめ》』に出た。十二月以後、七之助はずっと玉三郎と共演していた。

四月はふたりとも舞台はなく、五月はふたりでの特別舞踊公演、六月は勘三郎亡きあと最初のコクーン歌舞伎で尾上松也とともに『三人吉三』を上演した。

七月は七日から十二日までニューヨークでの平成中村座で『怪談乳房榎《ちぶさのえのき》』、二十日から二十五日は松本市での「まつもと大歌舞伎」で『三人吉三』と独自の公演が続き、八月に歌舞伎座に帰ってきた。

八月の納涼歌舞伎で勘九郎・七之助が揃って出たのは谷崎潤一郎原作、扇雀、橋之助主演の

『恐怖時代』と、大佛次郎作、三津五郎主演の『たぬき』で、他に勘九郎は『怪談乳房榎』で主演し、七之助は三津五郎の『勢獅子』で芸者をつとめた。

三津五郎は前年の納涼歌舞伎のあと、手術・療養していたが、四月に復帰し、この八月の納涼歌舞伎にも出演したが、結局これが最後の歌舞伎座となった。翌年二月二十一日に膵臓癌のため五十九歳で亡くなる。

これにより納涼歌舞伎はふたりの創立者をともに喪った。


九月はふたりとも舞台はなく、十月の歌舞伎座は祖父・十七代目勘三郎の二十七回忌と父・十八代目の三回忌追善興行となった。まず『野崎村』で七之助がお光、『伊勢音頭恋寝刃《こいのねたば》』は勘九郎が福岡貢、七之助がお紺で、仁左衛門が料理人喜助、玉三郎が万野をつきあう贅沢な配役だった。夜の部では仁左衛門が松王丸の『寺子屋』で、勘九郎が武部源蔵、七之助が戸浪で、玉三郎が千代という配役だった。最後に勘三郎と玉三郎の当たり役だった、三島由紀夫作『鰯賣戀曳網』を勘九郎、七之助が引き継いだ。若い兄弟を仁左衛門と玉三郎が盛り上げた公演だった。

十一月は新橋演舞場でも十七代目と十八代目の追善公演が新派として行なわれ、ふたりは『鶴八鶴次郎』に出た。

十二月、京都・南座の顔見世には、仁左衛門がふたりを呼んだ。『仮名手本忠臣蔵』で仁左衛門が大星由良之助で、七之助がお軽、勘九郎は寺岡平右衛門をつとめ、七之助は橋之助と孝太郎の『鳥辺山心中』にお花で出て、勘九郎・七之助は舞踊劇『爪王』に出た。

玉三郎と仁左衛門が引き立てなければ、ふたりは大歌舞伎に出る機会がない。

この年、勘九郎が歌舞伎座に出たのは三、八、十の三ヵ月、七之助は二、三、八、十の四ヵ月だった。

平成中村座復活

二〇一五年は平成中村座が復活した年だった。

まず、一月の歌舞伎座に勘九郎・七之助とも玉三郎の引き立てで出ることができた。

戦後の歌舞伎は菊五郎劇団と吉右衛門劇団とに分かれ、交互に歌舞伎座に出ている時代が長く、役者の代が替わっても、座組にはその名残があり、とくに一月は菊五郎劇団は国立劇場、旧吉右衛門劇団は歌舞伎座と棲み分けられていた。

旧吉右衛門劇団系の役者は当代の吉右衛門、幸四郎、梅玉、魁春で、勘三郎も同座していたが、幸四郎、吉右衛門と共演することはなく、ひとりで舞踊劇に出ていた。その孤独な姿は父・十七代目が得ていた「正月の歌舞伎座」を何としても死守するという悲壮感に満ちたものだった。勘九郎と七之助は、はたしてこのあとも一月の歌舞伎座に毎年出ることができるのか。

昼の部最初の『金閣寺』では染五郎が松永大膳で、七之助が雪姫に抜擢された。勘九郎も此下東吉で出た。続いて玉三郎の『蜘蛛の拍子舞』で勘九郎は渡辺綱、七之助は源頼光。夜の部の玉三郎の『女暫』には七之助が女鯰若菜、最後に猿之助の『黒塚』に勘九郎が阿闍梨祐慶で出た。

二月はふたりとも舞台はなく、三月は二十日から二十三日まで金沢歌劇座で、「北陸新幹線開業記念」平成中村座公演として『怪談乳房榎』を上演した。


そして四月、浅草の浅草寺境内に平成中村座が復活した。

二〇一一年十一月から一二年五月までこの地に建てられた平成中村座では、半年以上にわたり公演が続いた（二月は新橋演舞場での勘九郎襲名披露公演）。勘三郎の最後の公の舞台もこの平成中村座だった。それが三年ぶりに復活したのだ。

「陽春歌舞伎」として「十八世中村勘三郎を偲んで」と銘打っての、一種の追善興行である。中村勘九郎、中村七之助の兄弟が座元で、勘三郎の義理の弟でもある中村橋之助が座頭となった。

そこにちょっと遠い親戚の中村獅童と、中村座の常連の坂東彌十郎、さらに勘九郎の長男が波野七緒八の本名で出た。十七代目勘三郎の弟子として一門に入り、四代にわたり仕えてきた小山三も出る予定だったが初日から休演し、ついに出ることなく、四月六日に亡くなった。

平成中村座は仮設の劇場で客席数が少ないこともあって、いちばん多い席が一万四五〇〇円で、これは歌舞伎座よりも安いが、安い席は一万円で全体に割高だ。それなのにチケットは完売した。勘三郎がいなくなっても、ふたりの兄弟に集客力があることを再認識させている。藝だけでなく、人気も父から子へと継承できたのである。

「勘三郎を偲んで」と銘打たれているが、勘三郎が得意としていた演目は『魚屋宗五郎』と『高坏』のふたつで、勘九郎が立派に継承した。七之助は『妹背山婦女庭訓』のお三輪をつとめた。座頭となった橋之助は、自分の息子三人を引き連れて出て、歌舞伎座では演じることができそうもない『勧進帳』の弁慶と『幡随長兵衛』をつとめた。彌十郎と獅童は『角力場』他に出た。

平成中村座は五月三日までで、ふたりは五月後半から「新緑特別公演二〇一五」として、全国十二か所を巡業した。

七月は新橋演舞場で染五郎と『阿弖流為』に出て、八月は歌舞伎座の納涼歌舞伎だった。三津五郎もいなくなって最初の納涼歌舞伎で、橋之助と扇雀がツートップとなっていた。納涼歌舞伎第一部で七之助は『おちくぼ物語』で主演、勘九郎は『棒しばり』を巳之助と舞った。これには「十世坂東三津五郎に捧ぐ」と掲げられ、追悼演目だった。

第二部の橋之助主演の『逆櫓』では勘九郎が畠山重忠、続く『京人形』で勘九郎が左甚五郎、七之助が京人形の精をつとめた。第三部の『芋掘長者』も「十世坂東三津五郎に捧ぐ」と掲げられ、橋之助と巳之助が出て、七之助が緑御前をつとめ、最後の『祇園恋づくし』は扇雀が主演で勘九郎、七之助も出た。

九月は赤坂歌舞伎で、勘九郎の『操り三番叟』と七之助が七役を早変わりする『於染久松色読《おそめひさまつうきなのよみ》販《うり》』だった。

十月は大阪松竹座で三日から十七日まで『阿弖流為』、二十五日から十一月二十六日までは大阪城西の丸庭園内に平成中村座が建てられた。

このあと勘九郎は映画『真田十勇士』の撮影があったらしく、二〇一六年三月の歌舞伎座まで舞台はない。七之助は十二月の歌舞伎座に出て、玉三郎のもとで大役をつとめた。

玉三郎が実質的な座頭となった十二月大歌舞伎は、親のいない役者を総動員させた座組だった。七之助のほか、松緑、松也、中車、児太郎たちがそれにあたる。

『本朝廿四孝』「十種香」では七之助が八重垣姫、松也が武田勝頼、児太郎が濡衣、『赤い陣羽織』は中車が主演、『重戀雪関扉』は松緑の関守関兵衛実は大伴黒主、七之助の小野小町姫、松也の良岑少将宗貞で、玉三郎が傾城墨染実は小町桜の精だった。

夜の部は『妹背山婦女庭訓』で、「杉酒屋」と「道行恋苧環」のお三輪は七之助で、烏帽子折求女実は藤原淡海は松也、入鹿妹橘姫は児太郎。「三笠山御殿」でのお三輪は玉三郎で、漁師鱶七実は金輪五郎今国は松緑がつとめた。

二〇一五年に勘九郎が歌舞伎座に出たのは一、八の二ヵ月のみ、七之助も一、八、十二の三ヵ月だった。

納涼歌舞伎に訪れた変化

二〇一六年の一月も玉三郎は歌舞伎座に出たが、中村屋兄弟は出なかった。

勘九郎は前述のように三月までどこの舞台にも出ていない。七之助は二月から三月は大阪の梅田芸術劇場と東京はシアターコクーンで「エターナル チカマツ——近松門左衛門『心中天網島』」（谷賢一作、デヴィッド・ルヴォー演出）に出演するので、一月はそのリハーサルだった。

三月の歌舞伎座の雀右衛門襲名披露公演には勘九郎だけが出て、『壽曽我対面』で曽我十郎、鴈治郎と松緑と『関三奴《せきさんやっこ》』に出た。

兄弟が久しぶりに揃ったのが四月の明治座の花形歌舞伎で、菊之助と三人で出た。この組み合わせは珍しいものだった。昼の部では七之助は『葛の葉』の葛の葉、勘九郎は舞踊劇『末広がり』で太郎冠者をつとめ、菊之助が河内屋与兵衛の『女殺油地獄』で七之助はお吉、勘九郎は七左衛門。夜の部は井上ひさしの『手鎖心中』を舞台化した『浮かれ心中』で、かつて勘三郎と三津五郎が演じたものだ。若旦那栄次郎を勘九郎、おすずを菊之助がつとめ、最後に菊之助と七之助で『二人椀久』を舞った。

五月はふたりとも舞台はなく、六月はシアターコクーン、七月は松本歌舞伎で、獅童を迎えての『四谷怪談』だった。伊右衛門に中村獅童、直助権兵衛に中村勘九郎、お袖に中村七之助、そしてお岩に中村扇雀という配役である。

八月の納涼歌舞伎は、この年、座組に大きな変化があった。染五郎が久しぶりに、そして猿之助が初めて加わったのである。

橋之助は十月に芝翫襲名なのでこれが橋之助として最後となるが、翌十七年には出ないので、これが最後となる可能性が高い。扇雀は二〇一七年も出ているが、すでに主役ではない。

その世代交代の過度期が二〇一六年だった。

勘三郎と三津五郎が納涼歌舞伎を始めたのは、自分たちの世代にはなかなか歌舞伎座では役がつかないので、その経験の場が欲しいということと、三部制にして一公演あたりの料金を安くして若い世代――それは勘三郎と三津五郎にとっては同世代だった――がチケットを買いやすくするため、つまり新しい観客の獲得という目的があった。やがて新作を歌舞伎外の演劇人に作らせる実験劇場の要素も出てきた。しかし、勘三郎没後はその新作が出なかった。

それが、染五郎と猿之助が加わったことで変化した。

第一部は扇雀と橋之助の『嫗山姥《こもちやまんば》』と、獅童と染五郎、七之助、巳之助の『権三と助十』で、これは従来からあるものだ。しかし第二部で染五郎と猿之助の新作『東海道中膝栗毛』（十返舎一九原作より、杉原邦生構成、戸部和久脚本、市川猿之助演出）が上演された。原作からは弥次さん喜多さんのキャラクターだけを借りた、完全なオリジナルのドタバタ喜劇だ。これには勘九郎、七之助は出なかった。次に橋之助が中心の舞踊劇『艶紅曙接拙《いろもみじつぎきのふつつか》』で、勘九郎、七之助も出た。

第三部が勘九郎、七之助による新作で、勘三郎とも親しかった笑福亭鶴瓶の新作落語を原作にした『廓噺山名屋浦里』で、これも喜劇である。


十月の芝翫の襲名披露公演には七之助だけが出て、口上でも親戚として挨拶をし、『女暫』で巴御前の大役をつとめ、『幡随長兵衛』と『外郎売』にも出た。

十二月、玉三郎と勘九郎、七之助が歌舞伎座に揃った。他に獅童、松也、中車、児太郎と前年十二月と同じ、後ろ楯のない役者たちが揃う。

この年から十二月も三部制となり、第一部では南座で初演された、獅童と松也の新作『あらしのよるに』（きむらゆういち原作、今井豊茂脚本、藤間勘十郎演出・振付）、第二部が宇野信夫の『吹雪峠』を玉三郎の演出で中車、松也、七之助が演じ、『寺子屋』を勘九郎の松王丸、松也の武部源蔵、七之助の千代、梅枝の戸浪で出した。

玉三郎が出るのは第三部のみで、勘九郎と『二人椀久』を踊ったあと、勘九郎、七之助、梅枝、児太郎と五人で『京鹿子娘五人道成寺』を出した。

二〇一六年の歌舞伎座で勘九郎が出たのは三、八月、十二月、七之助は八、十、十二月と、それぞれ三ヵ月のみだった。

中村屋兄弟と歌舞伎座

二〇一七年の正月も、中村屋兄弟は歌舞伎座に出なかった。

中村屋が賑々しく歌舞伎座に凱旋するのは二月で、「江戸歌舞伎三百九十年　猿若祭」と銘打たれた公演で、勘九郎のふたりの子が初舞台を踏んだのだ。

昼の部最初の『猿若江戸の初櫓』は三百九十年前に、京から江戸へ出雲の阿国と猿若が来る話の舞踊劇で、猿若を勘九郎、阿国を七之助がつとめた。次の松緑の『大商蛭子島』にもふたりは出た。

夜の部の『門出二人桃太郎』がこの月最大の目玉で、勘九郎の長男が三代目勘太郎、次男が二代目長三郎を襲名し、初舞台を踏んだ。このおかげでチケットは完売となり、ふたりの門出を総出で祝ったのだから、これでよしとしなければいけないのだろうが、勘九郎・七之助とも役者としての出番は少ない月だった。松竹にいいように利用され、儲けさせられているイメージだ。

三月のふたりは舞台はなく（四月の新作の稽古をしていた）、四月に赤坂歌舞伎『夢幻恋双紙《ゆめまぼろしかこいぞうし》』が上演された。そうは書かれていないが、藤子・F・不二雄の『ドラえもん』のキャラクターを借用していた。もっともドラえもんは出てこない。ドラえもんのいない世界で、のび太はどう生きるのかという話だ。作・演出は若手劇作家の蓬莱竜太で、初めて歌舞伎に挑んだ。

「歌舞伎とは何か」という「答えのない質問」には、「歌舞伎役者がやれば歌舞伎」という乱暴な、それでいて的確な回答もあるが、『夢幻恋双紙』は、まさにそういう歌舞伎だった。セリフは現代語でテンポよく進む。舞台装置の転換も鮮やか。ピアノ音楽も違和感がない。何よりも演劇として出色の出来だと思った。

舞台は江戸時代。どこかの原っぱで、子供たちが遊んでいるシーンから始まる。この子供時代から大人までを同じ歌舞伎役者が演じるのだが、子供に見えるからさすがだった。とくにジャイアン（剛田武）にあたる「剛太」役の市川猿弥がうまかった。

中村勘九郎演じる主人公「太郎」は、のんびりしているので「のび郎」というあだ名で、「静」は中村鶴松、スネ夫にあたる「末吉」は中村いてう。この四人は幼馴染で、大人になってもその関係が続く。ヒロインは静ではなく、最近引っ越してきた「歌」で、中村七之助が演じた。その兄を中村亀鶴、父を片岡亀蔵が演じる。

歌の父は病床にあり借金もあって苦労している。太郎はそれを助け、ふたりは夫婦になるが、うまくいかない。太郎は殺され、気がつくと子供時代に戻っている。

ここで冒頭のシーンが繰り返されるが、今度の太郎は性格が異なっていた。太郎は前の記憶を持ったまま、前とは異なる人生を歩み、そしてまた……と劇中、三回ループする。この芝居はどうやって終わるのだろうと引き込まれる。見事な結末を迎えるが、それは真の結末ではない。だから、幕は下りないで終わる。観客が劇場を出たあとも、太郎は延々とループしているはずだ。

台本は時間ループものSFのルールをしっかりと踏んでおり破綻がない。セリフも細部まで練られ、それに役者が充分に応えている。実に面白い芝居だった。それだけに、『ドラえもん』のキャラクターを借用していることを隠蔽する主催者TBSと松竹の姿勢は残念だった。著作権上の手続きを踏みたくないがためであろうが、その姿勢は疑問だ。

この新作を終えると、勘九郎・七之助は五月は大阪松竹座の「花形歌舞伎」に猿之助と出て、勘九郎は『戻駕色相肩《もどりかごいろにあいかた》』を踊り、猿之助主演の『金幣猿島郡《きんのざいさるしまだいり》』には勘九郎と七之助も出て、『野崎村』で七之助はお光、『怪談乳房榎』は勘九郎が菱川重信・下男正助・うわばみ三次・菱川重信の霊の四役、七之助が重信妻お関、猿之助が磯貝浪江をつとめた。

六月は名古屋での平成中村座で、時蔵の息子の梅枝と萬太郎が加わった。『恋飛脚大和往来』の「封印切」では扇雀の忠兵衛に七之助が梅川、勘九郎が八右衛門、勘九郎の『お祭り』があって、『義経千本桜』の「川連法眼館」では扇雀が忠信と忠信実は源九郎狐で、静御前は梅枝、義経を勘九郎がつとめた。七之助は『弁天娘女男白浪』の「浜松屋見世先」、「稲瀬川勢揃い」では弁天小僧菊之助、南郷力丸を亀蔵、日本駄右衛門を彌十郎、赤星十三郎を梅枝、忠信利平を萬太郎がつとめた。最後に『仇ゆめ』で狸を勘九郎、深雪太夫を七之助がつとめた。

七月は本公演はなく、八月は納涼歌舞伎にふたりとも出た。

第一部は長谷川伸の『刺青奇偶』で玉三郎が演出した。

これは七之助にとって因縁深い作品だ。昭和七年初演で、六代目菊五郎と五代目福助が主演したものだ。勘九郎・七之助はこの名優双方のひ孫にあたるのだ。六代目菊五郎は父方の曽祖父で、五代目福助は母方の曾祖父である。

中車が演じる博打ちの半太郎と、七之助が演じる身を持ち崩した酌婦お仲が知り合い、数年後、ふたりは一緒に暮らすも、女は重い病で長くはない。半太郎は薬代のためにいかさま賭博をしたが見つかり、痛めつけられる。そこに登場するのが鮫の政五郎という親分で染五郎が演じた。

ストーリーは陳腐なのだが、坂東玉三郎による演出は、すべてが抑制的で、見る側の想像力を必要とした。往年のフランス映画のような雰囲気で、見ごたえがあった。中車は適役ではあったが、前述の血筋を考えると、勘九郎の半太郎でも見てみたいと思った。次が勘九郎の舞踊『玉兎』、『団子売』で、後者には猿之助も出た。

第二部の最初は岡本綺堂の『修禅寺物語』と新作『歌舞伎座捕物帖《こびきちょうなぞときばなし》』で、前年の『東海道中膝栗毛』の続編だ。この第二部には勘九郎・七之助は楽屋落ち的にちらっと登場しただけだった。第三部が『野田版 桜の森の満開の下』で、染五郎、勘九郎、七之助の『阿弖流為』トリオが挑む新作となった。野田自身の代表作『贋作 桜の森の満開の下』を歌舞伎化したもので、もとのセリフを七・五調に書き換え、それが売り物のひとつだったが、そうしたからと歌舞伎らしくなるわけでもなかった。

勘九郎は以後、十二月の京都の顔見世まで歌舞伎の舞台はないが、七之助は十月の歌舞伎座で菊之助主演の新作『マハーバーラタ戦記』で敵役を見事に演じ、さらに玉三郎が出る坪内逍遥作『沓手鳥孤城落月』で豊臣秀頼をつとめた。

二〇一七年に勘九郎が歌舞伎座に出たのは二、八の二ヵ月のみ、七之助は二、八、十の三ヵ月だ。

海老蔵、猿之助と同じく、勘九郎・七之助もまた集客力があるがために歌舞伎座への出番は少なく、看板役者としての他劇場での公演のほうが多い。

かつて父・勘三郎が死守していた一月の歌舞伎座も守りきれていない。八月の納涼歌舞伎は死守しているが、この二年は染五郎・猿之助色が強くなった。このふたりとは親しいので、それはそれでいいのだろうが、さて、中村屋の将来はどうなるのか。

第七話　新作競作合戦記

新作の面白さと困難さ

歌舞伎座は二〇一七年七月から十月まで、毎月新作・準新作の上演が続いた。

歌舞伎座以外の劇場での歌舞伎公演での新作は珍しくはないが、「歌舞伎座での新作」が続くのは珍しい。これらの新作を担っているのは三十代、四十代の海老蔵世代だ。

まず七月は、市川海老蔵が息子・勸玄と宙乗りをしたので話題になった『駄右衛門花御所異聞』だった。

八月は市川染五郎と市川猿之助主演の『歌舞伎座捕物帖』と、野田秀樹作・演出の『野田版桜の森の満開の下』。

九月は中村吉右衛門が松貫四名義で書いて一九八五年初演の『再桜遇清水』が、市川染五郎主演で上演された。これは初演ではないので、準新作ではあるが、東京では初めての上演だったので、初めて見た人がほとんどだったろう。

そして十月には尾上菊之助主演でインド神話を原作とする『マハーバーラタ戦記』。

二〇一七年は歌舞伎座以外でも、六本木歌舞伎で海老蔵と寺島しのぶの『座頭市』、赤坂歌舞伎で中村勘九郎・七之助の『夢幻恋双紙』があり、十月・十一月は新橋演舞場で市川猿之助の『ワンピース』の再演があった。

これらは、「新しく書かれた台本をもとにして上演される」という点でしか共通点はない。まったくのオリジナルもあれば、古典を原作として書き換えたものもあるし、インド神話が原作だったりもする。

歌舞伎の世界の内部の作家が書いたものもあれば、外の世界の演劇人が書いたものもある。

当然、内部の作家が書いたものは、「歌舞伎らしい」。

七月の海老蔵の『駄右衛門花御所異聞』と九月の染五郎が主演の『再桜遇清水』は、内部の作家により、歌舞伎の古典を原作として、全面的に新しく書き換えられたものになる。ストーリーや登場人物も毎度おなじみのものだし、歌舞伎の様式に則っているし、舞台装置も、音楽も、義太夫が入るところも、昔ながらという感じだ。詳しくない人が事前に知識を持たずに見たら、昔からの歌舞伎そのものだと思っただろう。それくらい、「普通の歌舞伎」だった。だがテンポは速く、そして面白かった。

一方、八月の染五郎と猿之助の『歌舞伎座捕物帖』は、弥次喜多珍道中の弥次さん喜多さんのキャラクターだけを借りて作った、完全な新作である。徳川時代の歌舞伎座で殺人事件が起きて、それを解決するというミステリ劇だが、喜劇仕立てにしてある。これを徳川時代に作られた歌舞伎だと勘違いする人はいないと思う。

八月のもうひとつの新作『野田版 桜の森の満開の下』は、野田秀樹自身の演劇を、セリフを七五調にするなどして、作り変えたものだった。

野田秀樹は勘三郎とのコラボで、三作の歌舞伎を書いて演出した。最初の『野田版 研辰の討たれ』は歌舞伎の原作があり、それを新解釈して新演出したものだった。

次の『野田版 鼠小僧』は、鼠小僧というキャラクターを得て、野田が書き下ろしたもの。三作目の『野田版 愛陀姫』は、ヴェルディのオペラ『アイーダ』を舞台を日本の戦国時代に移して翻案したもの。そして四作目の『野田版 桜の森の満開の下』は野田自身の演劇のリメイクである。つまり、だんだん歌舞伎色が薄くなってきた。

ここ数年の、歌舞伎の外の演劇人による新作で、最も歌舞伎らしく、それでいて「斬新」だったのは、染五郎・勘九郎・七之助の『阿弖流為』だった。

歌舞伎座ではないが、海老蔵の『座頭市』や勘九郎・七之助の『夢幻恋双紙』、猿之助の『ワンピース』も、歌舞伎っぽくはなっているが、歌舞伎の様式で装飾しているだけで、本質的には普通の演劇が土台にある。

何が歌舞伎なのか。歌舞伎とは何なのか。この答えの出ない質問の答えのひとつに、「歌舞伎役者が演じれば、なんでも歌舞伎なのだ」という考え方がある。『ワンピース』など、その開き直りの上に成立している。

一方、徳川時代、せいぜい明治までに作られたものを、そのときと同じように演じるものしか歌舞伎と認めない考え方の人もいるだろう。

そういう人が見れば『ワンピース』は歌舞伎ではない」となる。猿之助はそう言われるのが分かっているから「スーパー歌舞伎Ⅱ」と銘打っている。

もともと「スーパー歌舞伎」と銘打ったのは、先代の猿之助だ。「歌舞伎ではない」との批判を予測し、先手を打って「スーパー歌舞伎」と名乗り、当代猿之助もそれを踏襲している。

染五郎・勘九郎・七之助の『阿弖流為』も「歌舞伎NEXT」と銘打たれていたし、勘三郎が始めた「コクーン歌舞伎」「赤坂歌舞伎」、海老蔵の「六本木歌舞伎」なども、「歌舞伎ではない」という批判への防御策としての命名だろう。

しかし、これだけさまざまな「歌舞伎ではないと言われそうな歌舞伎」が増えてくると、「何とか歌舞伎」と銘打つ必要もなくなってくる。

そういう状況下、二〇一七年は歌舞伎座での「大歌舞伎」として『駄右衛門花御所異聞』と『再桜遇清水』が登場した。七月は海老蔵の座頭公演で、九月は「秀山祭大歌舞伎」で中村吉右衛門が座頭と、それぞれひとりの役者が責任を負うかたちの公演、役者の自由裁量がきく大歌舞伎での新作だ。

八月の二作は、歌舞伎座での新作ではあるが、「大歌舞伎」ではなく「納涼歌舞伎」だったので、格下となる。

ところが、十月の、『マハーバーラタ戦記』は、「大歌舞伎」の前に「芸術祭」と付く「芸術祭大歌舞伎」という仰々しい公演、歌舞伎界を代表して芸術祭に参加する公演での新作だ。

それを企画し、主演するのが、尾上菊之助だった。染五郎もこれまでに歌舞伎座で『陰陽師』、『東慶寺花だより』、『幻想神空海』と三作の新作歌舞伎を作っており、松竹はこのふたりに積極的に新作を作らせる戦略のようだ。若い世代の観客を呼び寄せるには、これが最も手っ取り早い。新作は話題性もあるので、メディアも取り上げてくれる。

劇界再編の時代へ

この海老蔵世代の前は、亡くなった中村勘三郎が新作に熱心だった。

というよりも、平成になってからの新作歌舞伎の大半は、勘三郎が担っていた。

その同世代では坂東三津五郎も納涼歌舞伎で、勘三郎の新作につきあうほか、自分でも作っていたが、ふたり以外の同世代の役者たちは、勘三郎の公演に共演していただけで、主導的に新しいものを作れていない。勘三郎が大きすぎたとも言える。

その勘三郎、三津五郎が亡くなってしまうと、この世代には新作を作るエネルギーがないようだ。それに対し、海老蔵世代は競って、それぞれのやり方で新しい歌舞伎を模索している。

二〇一八年一月には、染五郎が幸四郎を襲名し、この世代も次のステップへ向かう。そのなかで、どういう新しい歌舞伎が生まれるのか。

歌舞伎には「伝統の継承」だけではなく、新作を希求するエネルギーもある。そのエネルギーが爆発しているのが、平成末期の歌舞伎だ。

歌舞伎座での「新作」は、「世代交代」というタテの物語とも連動している。

そして、歌舞伎座とは離れた場所で、もうひとつ別の「劇界再編」というヨコの変化の物語が着々と進んでいる。

それが平成末期の歌舞伎である。

七十代の大幹部は総仕上げの時期に入っている。その息子たちはいよいよ主役に躍り出ようとしている。そしてさらにその息子たちが初舞台、初御目見得をしている。三世代が同時に活躍できる時期はそう長くはない。このタイミングに生きているのは運がいい。

歴史の変化は、その時点では分からない。数年後、数十年後に、あの年のあの月の公演のあの役がターニングポイントだったと、分かるものだ。

いまの歌舞伎を見ることは、将来の「歴史の目撃者」になることでもある。

二〇一三年以降の新作

二〇一三年以降に「歌舞伎」と銘打たれた興行で上演された、現代の劇作家・演出家による「新作」「新演出」を上演順に記す。

襲名や初舞台などで役者が総出演するためのものは除いた。国立劇場で毎年一月に尾上菊五郎が手がけている復活上演も新作に近いが、そう銘打たれていないので、ここには載せていない。

『GOEMON　石川五右衛門』

作・演出：水口一夫、振付：藤間勘十郎、作曲：苫舟、作調：田中傳次郎、美術：前田剛、フラメンコ振付：佐藤浩希

初演・二〇一一年二月、徳島大塚国際美術館システィーナ・ホール

その後、二〇一三年二月・大阪松竹座、二〇一四年十月・大阪松竹座、二〇一六年十月・新橋演舞場で上演。

「システィーナ歌舞伎」として初演され、片岡愛之助の五右衛門、中村壱太郎の出雲の阿国、上村吉弥の名古屋山三は初演以来同じ（吉弥は二〇一三年以外は石田局と二役）。カルデロン神父は公演によって異なる。一三年は尾上松也、一四年と一六年はジャニーズ事務所の今井翼が演じた。

二〇一八年二月には、再びシスティーナ歌舞伎で『GOEMON ロマネスク』として新作が上演される。

歌舞伎十八番の内『蛇柳』

脚本：松岡亮、振付・演出：藤間勘十郎、

初演・二〇一三年八月、渋谷・シアターコクーン

市川海老蔵の自主公演ABKAIで初演。市川海老蔵の「十八番復活プロジェクト」のひとつ。海老蔵が蛇柳の精魂、愛之助が住僧定賢をつとめた。

二〇一五年五月の歌舞伎座・團菊祭で再演された。

新作歌舞伎『疾風如白狗怒涛之花咲翁物語。』

脚本：宮沢章夫、演出：宮本亜門

初演・二〇一三年八月、渋谷・シアターコクーン

これも市川海老蔵の自主公演ABKAIで初演。海老蔵の『日本むかし話』シリーズの第一作だった。海老蔵は犬と意地悪爺さんの役。片岡愛之助、上村吉弥らが共演。

二〇一八年一月に新橋演舞場で再演される。

新作『陰陽師』

作：夢枕獏、脚本：今井豊茂、補綴・演出：齋藤雅文

初演・二〇一三年九月、歌舞伎座

歌舞伎座の「新開場記念新作歌舞伎」と銘打たれて上演された。

市川染五郎が安倍晴明、海老蔵が平将門、片岡愛之助が興世王実は医師祥仙実は藤原純友、中村七之助が桔梗の前、中村勘九郎が源博雅、尾上

松緑が俵藤太、尾上菊之助が滝夜叉姫。

海老蔵世代の七人が新しい歌舞伎座に揃い、新時代到来を印象づけたものの、この座組はその後、実現されていない。

『壽三升景清』

脚本：川崎哲男・松岡亮、振付・演出：藤間勘十郎、美術：前田剛、作曲：杵屋巳太郎、作曲：上妻宏光、作調：田中傳次郎、作曲・監修：苫舟

初演・二〇一四年一月、新橋演舞場

市川家の歌舞伎十八番で上演が途絶えていた「関羽」「鎌髭」「景清」「解脱」を織り込んだ新作で、海老蔵の「十八番復活プロジェクト」のひとつ。このうち「鎌髭」は二〇一三年五月に京都・南座で初演されたものをベースとしている。海老蔵が景清で、二〇一四年の初演では中村獅童、市川左團次、中村芝雀（現・中村雀右衛門）が共演した。二〇一四九月に南座で再演され、また、『鎌髭』と『景清』は二〇一六年七月に歌舞伎座で上演された。

『東慶寺花だより』

作：井上ひさし、脚本：今井豊茂、演出：大葉正昭、作曲：鳥羽屋長秀、作調：田中傳左衛門

初演・二〇一四年一月、歌舞伎座

井上ひさしの小説が原作。主人公の作者・中村信次郎は市川染五郎。他に片岡秀太郎、中村翫雀、片岡孝太郎、中村東蔵、坂東彌十郎、市川笑也、尾上松也、片岡松之助、中村虎之介らが出演。

『満月阿波噺《まんげつあわのよばなし》』「Le Mariage de Figaro　フィガロ」

作・演出：水口一夫、振付：藤間勘十郎

初演・二〇一四年二月、大塚国際美術館システィーナ・ホール

「和と洋のコラボレーション」をテーマとしているシスティーナ歌舞伎の第五作として上演された。モーツァルトのオペラ『フィガロの結婚』を原作としている。片岡愛之助、中村壱太郎、上村吉弥が主演。

スーパー歌舞伎Ⅱ
『空を刻む者――若き仏師の物語――』

作・演出：前川知大、スーパーバイザー：市川猿翁

初演・二〇一四年三月、新橋演舞場、四月、大阪松竹座

「スーパー歌舞伎Ⅱ（セカンド）」と銘打たれた市川猿之助の新作。澤瀉屋一門を率いての公演で、佐々木蔵之介、福士誠治、浅野和之らも出演した。

『三人吉三』

作：河竹黙阿弥、演出・美術：串田和美

初演・二〇一四年六月、渋谷・シアターコクーン

コクーン歌舞伎第十四弾として作られた。勘三郎亡き後、最初のコクーン歌舞伎で、中村勘九郎が和尚吉三、中村七之助がお嬢吉三、尾上松也がお坊吉三。翌月、「信州・まつもと大歌舞伎」としてまつもと市民芸術館でも上演。松也が初めてコクーン歌舞伎に出演した。

『SOU～創～』

原案：三輪野十郎左衛門、作：長田育恵、演出：藤間勘十郎、演出補：畑ンネ、作曲：上妻宏光・杵屋勝松

初演・二〇一四年八月、新橋演舞場

海老蔵の自主公演第二回AB

KAIのために作られた舞踊劇。日本神話の須佐之男命の物語を題材にしている。

『幻武蔵』

作：森山治男、演出・衣装考証・坂東玉三郎、補綴：戸部和久、美術：前田剛、音楽：唯是震一、作調：田中傳左衛門

初演・二〇一四年十二月、歌舞伎座

国立劇場が公募した歌舞伎脚本の応募作の一つだったものを玉三郎が劇化。宮本武蔵が主人公で中村獅童が演じた。『天守物語』に通じるもので、玉三郎は淀君の霊の役もつとめた。尾上松也も小刑部明神という重要な役で出演した。

『石川五右衛門』

作：樹林伸、脚本：川崎哲男・松岡亮、振付・演出：藤間勘十郎、美術：前田剛、作曲：鶴澤燕太郎・鶴澤慎治・杵屋栄十郎・川瀬白秋、作調：田中傳次郎

初演・二〇一五年一月、新橋演舞場

市川海老蔵の「石川五右衛門」は同外題でも上演のたびにストーリーが変わるので常に新作となる。二〇一五年版は新橋演舞場での「新春花形歌舞伎」で「松竹創業一二〇周年」を冠して上演された。二〇一一年初演版を大幅にカットしたものが前半で、後半は新しいストーリーとなり、舞台は中国大陸へと広がる。中村獅童、市川右近（現・市川右團次）、片岡孝太郎らが出演した。

『地球投五郎宇宙荒事』

脚本：宮藤官九郎、演出：三池崇史、監修・振付：藤間勘十郎、補綴：今井豊茂、美術：金井勇一郎、作曲：鶴澤慎治・杵屋巳太郎、補曲・杵屋勝国修、作曲：上妻宏光・杵屋勝松、作調：田中傳次郎

初演・二〇一五年二月、EXシアター六本木

市川海老蔵が始めた「六本木歌舞伎」の第一弾。中村獅童が相手役。他に尾上右近、市村萬次郎、三郎（現・坂東彦三郎）、市川九團次、大谷廣松、片岡市蔵らが出演。

同年八月に大阪のオリックス劇場、名古屋の中日劇場でも、尾上右近が中村壱太郎に替わるなど、一部配役をかえて上演された。

『百合若丸弓軍功《ゆりわかまるゆみのいさおし》』「ユリシーズ」

作・演出：水口一夫、振付：藤間勘十郎

初演・二〇一五年二月、大塚国際美術館システィーナ・ホール

「和と洋のコラボレーション」をテーマとするシスティーナ歌舞伎の第六作として上演された。古代ギリシア、ホメロスの英雄叙事詩『オデュセイア』を題材にしたもの。片岡愛之助、上村吉弥、中村種之助、市村橘太郎の他、宝塚歌劇団出身の大和悠河、中国の京劇の張春祥らも出演した。

『雪之丞変化』

原作：三上於菟吉、脚本・演出：石川耕士、演出：市川猿之助、美術：前田剛、音楽：甲斐正人、振付：尾上菊之丞

初演・二〇一五年四月、中日劇場

長谷川一夫主演の映画などで有名な時代小説を、猿之助のために新たに劇化した。猿之助の他、片岡愛之助、市川右近（現・市川右團次）、市川門之助、市川男女蔵、中村萬太郎、坂東巳之助、中村種之助、中村米吉、中村隼人、中

村梅丸ら若手が出演した。
二〇一七年二月に博多座で再演された。

『竜宮物語』
脚本：宮沢章夫、演出：宮本亜門、振付：藤間勘十郎
初演・二〇一五年六月、渋谷・シアターコクーン
海老蔵の自主公演ＡＢＫＡＩのために作られた、「日本むかし話」シリーズの第二作と第三作にあたる。市川右近（現・市川右團次）が浦島太郎で、海老蔵は乙姫。二〇一八年一月に新橋演舞場で通し狂言「日本むかし話」のひとつとして再演される。

『桃太郎鬼ヶ島外伝』
脚本：宮沢章夫、演出：宮本亜門、振付：藤間勘十郎
初演・二〇一五年六月、渋谷・シアターコクーン
これもＡＢＫＡＩのための新作で、海老蔵は赤鬼。二〇一八年一月に新橋演舞場で通し狂言「日本むかし話」のひとつとして再演される。

歌舞伎ＮＥＸＴ
『阿弖流為　アテルイ』
作：中島かずき、演出：いのうえひでのり、美術：堀尾幸男、音楽：岡崎司、振付：尾上菊之丞
初演・二〇一五年七月、新橋演舞場、同年十月、大阪松竹座。
「松竹創業一二〇周年」興行のひとつ。「歌舞伎NEXT」銘打たれ、普通の歌舞伎ではないとアピールしていた。劇団☆新感線の『アテルイ』が原作で、初演から十三年後に歌舞伎に改作された。『アテルイ』には市川染五郎が単身、歌舞伎役者として乗り込んだが、今回は中島といのうえが歌舞伎に乗り込むかたちとなった。市川染五郎、中村勘九郎、中村七之助、坂東巳之助、大谷廣太郎、市村橘太郎、澤村宗之助、片岡亀蔵、市村萬次郎、坂東彌十郎らが出演した。

新作歌舞伎『あらしのよるに』
原作：きむらゆういち、脚本：今井豊茂、演出・振付：藤間勘十郎、美術：中嶋正留、衣装：ひびのこづえ、作曲：鶴澤慎治・杵屋栄十郎、作調：田中傳左衛門、立師：渥美博
初演・九月、京都・南座
「松竹創業一二〇周年」の南座での九月花形歌舞伎として上演された。この月はこの一本だけで「花形」とはいえ歌舞伎公演だった。絵本が原作で、人間がひとりも出てこない、動物たちだけの物語である。中村獅童が狼、尾上松也が山羊の役で、中村梅枝、中村萬太郎、市川月乃助（新派へ移籍し、喜多村緑郎）、河原崎権十郎、市村萬次郎らが出演した。
二〇一六年十二月に歌舞伎座で再演された。月之助が演じた役は市川中車に替わった。

スーパー歌舞伎Ⅱ『ワンピース』
原作：尾田栄一郎、脚本・演出：横内謙介、演出：市川猿之助、スーパーバイザー：市川猿翁
＝スーパーバイザー
初演・二〇一五年十月・十一月、新橋演舞場
市川猿之助の「スーパー歌舞伎Ⅱ」の二作目で、人気コミックの演劇化。日本を舞台とせず、日本人が登場しないという点で、画期的な歌舞伎となり、ミュージカルのようだとの批判もあった。猿之助が主人公ルフィーで、澤瀉屋一門の市川右近（現・市川右團次）、市川笑三郎、市川笑也、

市川猿弥、市川春猿（新派へ移籍し、河合雪之丞）、市川弘太郎、市川寿猿に加えて、坂東巳之助、中村隼人、市川男女蔵、市川門之助、さらに浅野和之、嘉島典俊、福士誠治らも出演した。
二〇一六年三月に大阪松竹座、四月に博多座で配役を一部替えながら再演。
さらに、二〇一七年十月・十一月に新橋演舞場で改訂されて上演された。この上演中に猿之助が事故で負傷し、尾上右近が代役となった。

歌舞伎十八番の内『七つ面』
脚本：松岡亮、振付：藤間勘十郎、美術：前田剛、作曲：杵屋栄十郎、作調：田中傳次郎
初演・二〇一六年一月、新橋演舞場
海老蔵の「歌舞伎十八番復活プロジェクト」のひとつ。二〇〇九年一月にも新橋演舞場で復活せていたが、それとはまた別の脚本を新たに作った。テレビアニメ『名探偵コナン』とのコラボだった。

通し狂言『新書太閤記』
原作：吉川英治、脚本・演出：今井豊茂
初演・二〇一六年二月、歌舞伎座
「新作」と銘打たれてはいなかったが、新しい脚本による太閤記。尾上菊五郎が秀吉を演じ、中村吉右衛門が明智光秀、中村梅玉が織田信長、他に中村時蔵、中村錦之助、尾上菊之助、尾上松緑、中村歌六、中村東蔵、市川左團次らが出演した。大幹部が中心となる新作は珍しいが、菊五郎は毎年一月の国立劇場で長年上演されていない作品の復活上演を手がけ、実質的には新作といっていいので、新作への適応力がある。

『女と野獣 La Belle et la Bete』
作・演出：水口一夫・振付：藤間勘十郎
初演・二〇一六年二月、大塚国際美術館システィーナ・ホール配役
「和と洋のコラボレーション」をテーマとするシスティーナ歌舞伎の第七作として上演された。原作はフランスの伝説で、映画やミュージカルにもなっている物語を歌舞伎にした。片岡愛之助は野獣役。中村壱太郎、上村吉弥の他、木場勝己も出演した。

新作歌舞伎
『幻想神空海――沙門空海唐の国にて鬼と宴す』
原作：夢枕獏、脚本：戸部和久、演出：齋藤雅文、美術：前田剛、衣装デザイン・特殊効果：田中義彦、手妻考案：藤山新太郎、振付：松本錦升、音楽：き乃はち、竹本作曲：鶴澤慎治、映像：奥秀太郎、狂言作者：竹柴吉松
初演・二〇一六年四月、歌舞伎座
「高野山開創一二〇〇年記念」と銘打たれ、『陰陽師』に次ぐ、市川染五郎主演・夢枕獏原作の新作となった。染五郎が空海、松本幸四郎が皇帝、尾上松也が橘逸勢、中村又五郎が白龍、中村雀右衛門が楊貴妃、若に中村歌六、坂東彌十郎、中村歌昇、中村種之助、中村米吉、中村梅丸らが出た。

『四谷怪談』
作：四世鶴屋南北、演出・美術：串田和美
初演・二〇一六年六月、渋谷・シアターコクーン
「コクーン歌舞伎第十五弾」として作られた。中村勘九郎、

中村七之助に加えて、中村獅童が民谷伊右衛門で主演。勘九郎は直助権兵衛、七之助はお袖を演じた。他に片岡亀蔵が按摩宅悦、中村扇雀がお岩と佐藤与茂七、中村国生（現・中村橋之助）中村鶴松がお梅、笹野高史が伊藤喜兵衛とお熊を演じた。
翌七月は「信州・まつもと大歌舞伎」で上演された。

『東海道中膝栗毛』

原作：十返舎一九、構成：杉原邦生、脚本：戸部和久、演出：市川猿之助、美術：前田剛、振付：尾上菊之丞、附師：杵屋巳太郎、作調：田中傳左衛門
初演・二〇一六年八月、歌舞伎座
八月の納涼歌舞伎で「奇想天外！お伊勢参りなのにラスベガス?!」と冠されて上演された。市川猿之助と市川染五郎が弥次郎兵衛・喜多八を演じ、二人で宙乗りをするのが売り物だった。原作からは弥次喜多のキャラクターだけを借り、ストーリーはまったくのオリジナルだった。松本金太郎（現・市川染五郎）と市川團子が大活躍し、次世代のスターであることをアピールした。

新作歌舞伎『廓噺山名屋浦里』

原作：くまざわあかね、脚本：小佐田定雄、演出：今井豊茂、美術：中嶋正留
初演・二〇一六年八月、歌舞伎座
八月の納涼歌舞伎のための新作。中村勘三郎と親しかった笑福亭鶴瓶の新作落語が原作で、中村勘九郎、中村七之助、中村扇雀、片岡亀蔵、坂東彌十郎ら、勘三郎と共演していた役者たちが出演し、笑福亭鶴瓶の息子・駿河太郎も客演した。

『石川五右衛門』

作：樹林伸、脚本：川崎哲男・松岡亮、振付・演出：藤間勘十郎、美術：前田剛、ねぶた師：立田龍宝、作曲：鶴澤燕太郎・鶴澤慎治・杵屋栄十郎・川瀬白秋、補曲：川瀬露秋、作曲：杵屋勝松・上妻宏光・杵屋巳太郎、作調：田中傳次郎
初演・二〇一六年十一月、博多座
博多座での「花形歌舞伎」として上演された、海老蔵の『石川五右衛門』の二〇一六年版。二〇一五年一月の新橋演舞場での上演とはまた別のストーリーとなった。今作でも後半は大陸へ渡る。同時期にテレビ東京系列でも海老蔵主演の『石川五右衛門』が連続ドラマとして放映され、メディアミックスが展開されていた。海老蔵の他、中村獅童、市川右近（現・市川右團次）、片岡孝太郎らが出演。

『座頭市』

脚本：リリー・フランキー、演出：三池崇史、監修・振付：藤間勘十郎、美術：金井勇一郎、作曲：鶴澤慎治・杵屋巳太郎、補曲：杵屋勝輔、作曲：上妻宏光、作調：田中傳次郎、立師：市川新十郎、殺陣：辻井啓伺
初演・二〇一七年二月、EXシアター六本木
市川海老蔵の「六本木歌舞伎第二弾」として作られた。寺島しのぶとの共演が話題になる。座頭市は勝新太郎主演の映画で有名だが、まったくのオリジナルのストーリー。そのため、勝新太郎主演映画では「原作」となっている子母澤寛の名は、どこにもクレジットされていない。

海老蔵と寺島しのぶの他、市川右團次、片岡市蔵、市川右之助（現・市川齊入）、市川九團次、大谷廣松らが出た。八月に、名古屋の中日劇場と大阪のフェスティバルホールでも上演された。

新作歌舞伎『夢幻恋双紙——赤目の転生——』

作・演出：蓬莱竜太、美術：松井るみ、音楽：国広和毅、附師：杵屋栄十郎、作調：田中傳左衛門、修辞：今井豊茂
初演・二〇一七年四月、赤坂ACTシアター

中村勘九郎、中村七之助主演の「赤坂大歌舞伎」として上演された。現代語の歌舞伎として話題となる。タイプループの物語で、主要人物五人のキャラクターは『ドラえもん』の、のび太、ジャイアン、スネ夫、静香を借用しているが、藤子・F・不二雄の名はどこにもクレジットされていない。他に、市川猿弥、中村亀鶴、片岡亀蔵、中村鶴松、中村いてうらが出演した。

『石川五右衛門　外伝』

作：樹林伸、脚本：松岡亮、演出・振付：藤間勘十郎、演出：雷海、ねぶた師：立田龍宝、メインテーマ作曲：上妻宏光、作曲：鶴澤慎治・杵屋巳太郎、補曲：川瀬露秋、作調：田中傳次郎立師：市川新十郎、舞台監督：倉科史典、狂言作者：竹柴康平
初演・二〇一七年六月、渋谷・シアターコクーン

「市川海老蔵第四回自主公演ABKAI2017」として作られた。「外伝」とあるようにこれまでの海老蔵の「石川五右衛門」とは別のストーリーで、前年のテレビドラマ版との共通点のほうが多い。テレビドラマで共演した山田純大、前野朋哉も共演した。他に市川右團次、片岡市蔵、中村壱太郎、市川九團次、大谷廣松らが出た。日によっては海老蔵の息子の堀越勸玄と娘の堀越麗禾も通行人として出演した。

通し狂言
『駄右衛門花御所異聞』

作：竹田治蔵、補綴・演出：織田紘二・石川耕士・川崎哲男・藤間勘十郎、振付：藤間勘十郎、美術：前田剛、作曲：杵屋巳太郎・鶴澤慎治、作調：田中傳次郎
初演・二〇一七年七月、歌舞伎座

宝暦十一年（一七六一年）に初演された『秋葉権現廻船語』を、新たな脚本で復活上演した。海老蔵にとって歌舞伎座での初の「大歌舞伎」の座頭となった。海老蔵は日本駄右衛門・玉島幸兵衛・秋葉大権現の三役で、息子・堀越勸玄とともに宙乗りもした。事情を知らなければ「新作」とは思わないだろう、古典的な歌舞伎となっているが、展開は早く、見せ場もたっぷりあり、新しいタイプの新作と言える。他に、市川右團次、市川中車、市川笑三郎、片岡市蔵、中村亀鶴、坂東巳之助、坂東新悟、市川弘太郎、市川男女蔵、中村児太郎、大谷廣松、市川九團次、市川齊入らが出演した。

『歌舞伎座捕物帖』「東海道中膝栗毛」

原作：十返舎一九、構成：杉原邦生、脚本：戸部和久、脚本・演出：市川猿之助、美術：前田剛、振付：尾上菊之丞、附師：杵屋巳太郎、作調：田中傳左衛門
初演・二〇一七年八月、歌舞伎座

「納涼歌舞伎」のために作ら

れた新作。前年の『東海道中膝栗毛』の続編で同じキャラクターが登場する。歌舞伎座で起きた殺人事件の犯人探しというストーリーで、結末は二種類用意され、当日の観客の拍手でどちらを演じるかを決めた。また外題の読み方も公募された。前年同様に弥次郎兵衛を市川染五郎、喜多八を市川猿之助がつとめ、他に、中村勘九郎、中村七之助、松本金太郎、市川團子、中村虎之介、坂東巳之助、大谷廣太郎、中村隼人、中村鶴松、市川弘太郎、市川寿猿、市川笑三郎、市川猿弥、片岡亀蔵、市川門之助、坂東竹三郎、片岡千之助、市川中車、中村児太郎、坂東新悟、市川笑也らが出演した。

『野田版桜の森の満開の下』

作・演出・野田秀樹（坂口安吾作品集より）、美術：堀尾幸男、衣装：ひびのこづえ、美粧：柘植伊佐夫、音楽・作調：田中傳左衛門、附師：杵屋巳太郎、作曲：原摩利彦、振付：井手茂太、立師：渥美博

初演・二〇一七年八月、歌舞伎座

「納涼歌舞伎」のために作られた。野田秀樹にとっては四作目の歌舞伎となる。亡き勘三郎と計画していたもので、自作を歌舞伎に書き換えた。中村勘九郎、市川染五郎、中村七之助が主要人物で、中村梅枝、坂東巳之助、中村児太郎、坂東新悟、中村虎之介、市川弘太郎、中村芝のぶ、中村吉之丞、市川猿弥、片岡亀蔵、坂東彌十郎、中村扇雀らが出演した。

新作歌舞伎『極付印度伝　マハーバーラタ戦記』

脚本：青木豪、演出：宮城聰、補綴：尾上菊之助・松竹芸文室、空間構成：木津潤平美術：、深沢襟、衣裳：高橋佳代、衣裳製作：岩崎晶子・田中義彦、音楽：棚川寛子、作曲：鶴澤慎治・杵屋巳太郎・新内多賀太夫、作調：田中傳左衛門、振付：尾上菊之助・尾上菊之丞、立師：山崎咲十郎、狂言作者：竹柴彰三・竹柴潤一・竹柴慧一

初演・二〇一七年十月、歌舞伎座

「芸術祭十月大歌舞伎」での「日印友好交流年記念」と銘打たれての上演。インド神話を題材にした大作となった。主演の尾上菊之助は補綴や振付でもクレジットされ、実質的にこの新作のプロデューサーといっていい。尾上菊五郎をはじめ河原崎権十郎、坂東秀調、市村萬次郎、市川團蔵、中村鴈治郎、坂東楽善、市川左團次、中村時蔵、片岡亀蔵らは脇へまわり、菊之助と中村七之助、尾上松也、坂東彦三郎が物語を動かしていく。他に、坂東亀蔵、中村梅枝、中村萬太郎、中村児太郎、中村種之助ら若手が活躍した。

※注　海老蔵の『源氏物語』は能役者が出ることもあってか、「歌舞伎」と銘打たれていないので、ここでは省いた。

あとがき

三十年以上前、一九七〇年代から八〇年代のクラシック音楽ファンの世界では、カラヤンの悪口を言えば「音楽が分かっている」証明となった。「カラヤンが好き」などと口にしたが最後、「あいつは音楽が分かってない、単なるミーハーだ。レコード会社の宣伝につられているバカな奴だ」と思われたものだ。歌舞伎では、歌右衛門を絶賛すれば「歌舞伎が分かっている」証明となった。「歌右衛門のどこがいいのか分からない。全然、美しくない」などと言おうものなら、「あいつは歌舞伎が分かってない」となった。

残念なことに私は、カラヤンが好きで歌右衛門のよさが分からなかったので、いわゆる見巧者の人びとにしてみれば、「音楽も歌舞伎も分かってない」人間の代表のようなものだ。映画でもミニシアター系で上演されるものよりは、かつての角川映画や、『スター・ウォーズ』にはじまるルーカスやスピルバーグの映画が好きだし、どうも「通好み」というものに馴染めない。圧倒的に人気のあるものが好きなのである。そういうわけで、いまの歌舞伎では、「海老蔵がいい」となるので、私は「歌舞伎が分かってない奴」の代表となる。

基本的に私はスター主義を支持する。「人気スターが大劇場（歌舞伎座）で主役をつとめる」ことが正しいと考えている。別の角度から言えば、「大劇場で主役を演じなければ、どんなにうまくても意味がない」ともなる。当然、異論はあるだろう。脇役がいなければ演劇は成り立たないのは当然のことだ。脇役を貶めるつもりはまったくない。だがスターがいない演劇は、私にはつまらない。「スター」というのは「輝いている人」のことで、無名の役者が抜擢されてスター誕生となることもある。その可能性があるから、面白い。

頂点に立つスター、殿堂たる劇場が確固としたものとして存在することが秩序を生む。その秩序を明確にすべきだと考える。歌舞伎でいえば、「市川團十郎家の役者が歌舞伎座で主役をつとめる」のが秩序である。その秩序があるからこそ、それに抵抗して独自の道を歩む異端者、破壊しようとする反逆者が生まれ、活気が出るのだ。

歌舞伎が不思議なのは、民間企業の興行なのに、「人気のある役者を歌舞伎座に出さない」点にある。いまの歌舞伎界は、日本俳優協会の年功序列の幹部人事と歌舞伎座の配役とが連動していることを、正しい秩序としている。つまり名優という名の老優偏重であり、その裏返しのスター軽視の傾向にあり、アカデミズムとしては正しいのかもしれないが、観客のひとりとして物足りなさを感じるのだ。それを検証するのが、この本の隠れた目的でもあった。

この本の主人公である海老蔵と重要人物である猿之助は、あくまで体制内改革者であり、秩序を完全に破壊しようとはしていない。むしろ、日本俳優協会など存在していなかった徳川政権期、つまりスター主義しかなかった時代の秩序への回帰を主張しているように思える。

この本は「伝統」がどちらにあるのか、スター主義なのか年功序列なのかという思想闘争のレポートでもある。

波風を立てない本にするためには、年功序列にして、誰かひとりに偏るのではなくまんべんなく多くの役者を均等に書くべきだ。そういう本も世の中には必要である。だが、私はそういう本を作ることに興味はなかった。すると、偏った本こそ面白い、いままでにない本を作りましょう、と言ってくれる編集者がいて、このような本ができた。

その編集者、毎日新聞出版の梅山景央氏からは、実は数年前から「歌舞伎の本を作りましょう」と言われていた。それも「いまの歌舞伎について」と彼は言う。私は過去の出来事を歴史物語として書くのがスタイルなので、「まあ、そのうちに」と言葉を濁していた。何を書くかは明確でも、「どう書くか」が明確にならないと、一冊の本は書きにくいのだ。

そうこうしているうちに、講談社のウェブサイト「現代ビジネス」や朝日新聞社の「WEBRONZA」などに、不定期だが「いまの歌舞伎」について書く機会ができ、「日刊ゲンダイ」にも毎月一回、その月の公演について書くようになった。これが「いまの歌舞伎」についての

「劇評」ではないものを書くトレーニングとなった。

そこで、これを時系列に沿ってまとめれば、歌舞伎現代史としての一冊の本になるだろうと思ったのだが、あまりにも浅はかであった。時系列順に並べてみたが、それだけではとても使い物にならない。これまで書いたものは、あくまで「メモ」とし、新たに書くことにした。したがって、部分的には既出の文章もあるが、全篇、書き下ろしといっていい。

書き直し、書き足していくうちに、秋も終わり冬となってしまった。そこで二〇一七年の最後まで見届け、二〇一八年最初の高麗屋の襲名までをカバーすることにしたが、そうこうしているうちに三月以降の公演の演目・配役も発表になった。

いちばんの注目は三月の歌舞伎座夜の部で、玉三郎と仁左衛門が『於染久松色読販』『お祭り』の二演目で共演することだ。二月も『仮名手本忠臣蔵』で共演する。新しい歌舞伎座になってからは若手とばかり共演していた玉三郎が、かつての名コンビである仁左衛門と連続して共演するのは、何を意味するのか。「玉三郎スクール」の役目は終わったとの判断か、きたるべき、「いつの間にかいなくなる」前の思い出作りなのか――書き出すときりがないので、ここで終えよう。

というわけで、「現代」を書く上での最大の難しさは、「終わり」がないことだと実感している。

中川右介

本書のテキストのベースとなった記事

朝日新聞社　WEBRONZA（一部有料）

■歌右衛門襲名を「夢だと思った」中村福助の本心とは？——閣下と呼ばれた五代目、女帝と恐れられた六代目、さて七代目は……（二〇一三年九月十三日）

■２０１５年の歌舞伎展望１　市川海老蔵が座頭を勤めた理由　戦後70年、「孫たちの時代」はどう展開していくのか（二〇一五年一月二十三日）

■２０１５年の歌舞伎展望２　開花した尾上松也と、玉三郎、猿之助（二〇一五年一月二十四日）

■２０１５年の歌舞伎展望３　正念場の尾上菊之助、中村鴈治郎（二〇一五年一月二十六日）

■２０１５年春の歌舞伎興行リポート１　中村鴈治郎の襲名披露、尾上菊之助など（二〇一五年四月二十八日）

■２０１５年春の歌舞伎興行リポート２　盟友・猿之助と愛之助、勘九郎と七之助兄弟（二〇一五年四月二十九日）

■２０１５年春の歌舞伎興行リポート３　「開拓」を続ける市川海老蔵、九團次の選択（二〇一五年四月三十日）

■「２０１５年　歌舞伎　ベスト５」満足度が高かった市川染五郎の「阿弖流為」、「奇跡」を感じた市川海老蔵……（二〇一五年十二月二十八日）

■海老蔵と猿之助のクールな「盟友関係」——正統と異端、『柳影澤螢火』の「悪人」から見えた二人の距離（二〇一六年七月十五日）

■市川海老蔵・座頭「七月大歌舞伎」で起きた大事件——祖父、十一代目團十郎も果たせなかった「静かなる革命」（二〇一七年七月二十日）

■「駄右衛門花御所異聞」は市川海老蔵の集大成——「昔ながらの歌舞伎」を「昔ながらの方法」で、かつ新しく（二〇一七年七月二十一日）

講談社　現代ビジネス（無料）

■歌舞伎を支える「襲名」ビジネスと残酷な「世代間格差」――雀右衛門・芝翫の襲名に思う「谷間の世代」の悲哀（二〇一六年六月十五日）

■歌舞伎の秋が熱い！　愛之助と海老蔵の競作、忠臣蔵完全上演、芝翫襲名――平成歌舞伎、終わりの始まり（二〇一六年十月二十二日）

■海老蔵が静かに進める歌舞伎界「再編」～歴史の目撃者になるチャンス――これは現代の貴種流離譚だ！（二〇一七年一月二十二日）

■海老蔵親子の「宙乗り」に大喝采！　歌舞伎の本質がここにある――「現実の家族」と「虚構の舞台」の融合（二〇一七年七月十六日）

幻冬舎PLUS

■共著の電子書籍『時代の動かし方　日本を読みなおす28の論点』収録「海老蔵をもっと歌舞伎座に――これにつきる」（二〇一六年一月二十六日）

日刊ゲンダイ

■二〇一六年七月から毎月一回、掲載日不定期の歌舞伎記事

〈巻末付録「歌舞伎座の歴史」初出〉

『現代用語の基礎知識　２０１１年版』「どうなる『歌舞伎と歌舞伎座』――歌舞伎座誕生から第五期再開まで」

付録　歌舞伎座の歴史

現在の地に歌舞伎座が建てられたのは、明治半ばの一八八九年、明治憲法公布の年だった。以後、この劇場は歌舞伎の殿堂として存在し続けた。建物はこれまでに火災、戦災などで建て直され、二〇一三年に完成したのは五代目にあたる。過去の四代の歌舞伎座は、それぞれの時代の名優の全盛期と重なった。

歌舞伎座誕生

徳川政権時代の芝居は幕府の弾圧を受け続けた。売春と結びついていたため風紀が乱れるとの理由で、幕府はさまざまな規制を設けたのだ。江戸後期には官許の芝居小屋は浅草猿若町でのみ営業が許され、中村座、市村座、森田座（後、守田座）の三つがあった。それぞれの座主は世襲だった。三座以外にも寺社の境内などに芝居小屋があり、「小芝居」「宮地芝居」などと呼ばれた。

徳川政権が倒れると、芝居は規制緩和され、東京には十の劇場ができたが、やはり江戸からの三座が最上位に君臨していた。守田座は十二代目守田勘彌の時、浅草から都心部の新富町へ移転し、新富座として再スタートした。日本初の近代的な劇場で、海外の賓客や政府要人も観劇した。芝居の社会的地位は、維新から十数年にして飛躍的に高いものとなった。

歌舞伎座が現在の銀座四丁目（当時は木挽町）

の地に開場したのは、一八八九年（明治二二年）十一月である。

明治半ば、欧米に留学した世代が政府高官や財界人になると、西洋演劇こそが最高であるとの考えのもと、演劇改良運動が起きた。西洋演劇の理念に基づく新しい芝居が模索されるが、観客の支持を得ることができない。

この混迷期に、自由民権運動で活躍したジャーナリストの福地桜痴（東京日日新聞主筆）が、高利貸しの千葉勝五郎の資金を得て、新しい演劇の理想的な上演を目指して建てたのが、歌舞伎座だった。当初は「改良座」あるいは「改良劇場」という名称で計画されたのだが、建築段階で「歌舞伎座」となった。初代の歌舞伎座は洋風建築の建物だった。

福地は幕末に幕府から西洋に派遣された経験を持ち、西洋演劇について日本で最も詳しい男で、新聞社経営と政治活動に行き詰まると、新天地として演劇に活路を求めたのだ。理想も持つが現実主義者でもある福地は、この時点での西洋演劇の本格導入は無理と判断し、徳川政権時代からの役者と台本による芝居の劇場へと方針転換し、歌舞伎座と命名した。

第一期——九代目團十郎と五代目菊五郎の時代

歌舞伎座の最初の十年を支えたのは、九代目市川團十郎（一八三八〜一九〇三）と五代目菊五郎（一八四四〜一九〇三）。ともに、徳川時代から続く名優の子孫だ。

團十郎は福地桜痴と組み、「活歴」と呼ばれるリアリズム志向の新しい歌舞伎を目指した。菊五郎は「散切りもの」と呼ばれる明治の「現代」を舞台にした新作に挑んだ。

方向性は異なったが、「新しい芝居」を目指した点では共通していた。もちろん、ふたりとも江戸時代からの古典にも取り組み、次の世代へと伝えた。一九〇三年（明治三六年）に菊五郎と團十郎が相次いで亡くなり、團菊時代は終わる。

一方、歌舞伎座の経営陣は内紛が続いた。

福地桜痴と千葉勝五郎の共同経営で始まったが、福地の金遣いが荒いのに怒った千葉が福地の経営権を剝奪。千葉は劇場経営の実務は新富座の守田勘彌や、弁護士の田村成義らに担わせたが、内紛も絶えない。そのうち、千葉は劇場経営が儲からないので歌舞伎座から手を引き、複数の財界人による共同経営体制となる。

第二期——五代目歌右衛門の時代

明治後半、新しい演劇が誕生し、歌舞伎を脅かした。

ひとつ目は、旧江戸三座よりも格下の芝居小屋を前身とする低料金の芝居だ。

ふたつ目は、西洋演劇の影響を受けた新しい演劇である。川上音二郎をはじめとするそれまでの芝居の世界とはまったく関係のない人々が演劇界に入り、成功した。

歌舞伎以外の演劇が脅威になる一方、歌舞伎界も分裂した。京都を発祥の地とし、大阪に進出した新興の興行会社松竹が東京にも進出し、経営陣の内紛ばかりしている歌舞伎座の経営権を狙っていた。

歌舞伎座のライバルとして、福沢諭吉門下を中心とした財界人により帝国劇場が創設され、六代目尾上梅幸（一八七〇～一九三四）、七代目松本幸四郎（一八七〇～一九四九）らが歌舞伎座から引き抜かれた。

一九一一年（明治四四年）、歌舞伎座の実質的な経営者となっていた田村成義は帝劇に対抗するために歌舞伎座を大改修した。洋風建築だった帝劇に対抗して、歌舞伎座を純日本式の宮殿風の外見にした。骨組は第一期のものをそのまま使ったので、外装や客席、舞台といった内装の大改修だが、これを第二期歌舞伎座という。七月から十月で工事は完了した。

第二期最初の興行は十一月からで、中村芝翫の五代目中村歌右衛門（一八六六～一九四〇）襲名披露公演で始まった。歌右衛門は若いころは立役もつとめていたが、化粧の白粉に鉛が含まれていたため、青年期から手足の動きに支障が出るものの、歌舞伎座に立女形として君臨した。歌右衛門は、坪内逍遥の新作にも挑んだ。

一方、一九一三年（大正二年）、歌舞伎座の経営権は松竹のものとなった。以後、現在まで松竹による経営が続き、安定する。

歌舞伎座を失った田村成義は、若い六代目尾上菊五郎と初代中村吉右衛門を擁して市村座に君臨し、ここに、歌舞伎座、帝劇、市村座の「三国志時代」が始まる。

松竹の劇場になってからの歌舞伎座は興行的にも成功が続いた。ところが、一九二一年（大正十年）十月、漏電による火災で焼失。すぐに再建工事が始まるが、一九二三年（大正十二年）九月の関東大震災で工事は中断し、翌年十二月にようやく落成した。

第三期――六代目菊五郎と初代吉右衛門

三代目の歌舞伎座は、鉄筋コンクリートによる耐震耐火の日本式大建築だった。当時としては、日本一の大劇場だ。

田村成義の死（一九二〇年）により市村座は凋落しており、帝劇も経営が厳しくなり、歌舞伎俳優のほとんどは松竹の歌舞伎座の傘下に入り、松竹の独占体制が確立される。

五代目歌右衛門はほとんど動けなくなっていたが、座っているだけの役で出演を続け、劇界全体に睨みをきかせていた。一方、五代目菊五郎の実子である六代目菊五郎（一八八五年〜一九四九）が名優に成長していた。菊五郎は少年時代に九代目團十郎に預けられ芸の修業をした。明治の二大名優の一人五代目菊五郎の血を継ぐだけでなく、九代目團十郎の芸も継いだのだ。その菊五郎のライバルとなったのが、初代中村吉右衛門（一八八六〜一九五四）だった。ここに、「菊吉時代」の開幕となる。菊五郎は世話物を得意とし陽気で、吉右衛門は時代物を得意とし真面目――ふたりは芸風も性格も対照的だった。互いの才能は認め合い、共演する機会があると、舞台には火花が散り、客席は熱狂した。

時代は戦争へと突入していく。演劇も国家の統制下に置かれ、歌舞伎座での興行も続いていたが、一九四四年（昭和一九年）二月に劇場閉鎖命令が出て、東京都の管理下に置かれ、興行は打てなくなる。歌舞伎の殿堂は避難所あるいは臨時公会堂として使用されるようになったが、一九四五年五月二五日にアメリカ軍による空襲で焼失した。

五代目歌右衛門は太平洋戦争が始まる前の一九四〇年に没していた。

第四期――十一代目團十郎と六代目歌右衛門

空襲で焼けた歌舞伎座が再建され、興行を再開したのは、一九五一年で、外観も内部も三代目をほぼ踏襲した。一九四九年に六代目菊五郎、七代目幸四郎が没していた。

劇場が建て替えられると役者も世代交代するのが、歌舞伎座の歴史だ。

戦後の歌舞伎界を支える六人の名優が三〇代となっており、その時を待っていた。十一代目

市川團十郎（一九〇九〜六五）、十七代目中村勘三郎（一九〇九〜八八）、初代松本白鸚（一九一〇〜八二）、二代目尾上松緑（一九一三〜八九）、七代目尾上梅幸（一九一五〜九五）、六代目歌右衛門（一九一七〜二〇〇一）だ。一九五四年に吉右衛門が亡くなり、劇界は完全に世代交代した。

一九六二年には海老蔵が團十郎を十一代目として襲名し、九代目没後六〇年ぶりにこの大名跡が復活した。しかし、十一代目は一九六五年に胃がんで急死してしまう。

映画、さらにはテレビと娯楽の王様は移り変わり、歌舞伎興行が厳しくなるなか、歌右衛門を先頭にした歌舞伎界は、歌舞伎を高尚な伝統芸能とすることで、この危機を乗り越えた。かつて河原乞食と蔑まされていた役者たちは、人間国宝、文化功労者、芸術院会員となった。

昭和末期から平成初期にかけて歌右衛門世代は生涯を終え、その息子世代が最前線に立ち、さらにその息子たちも舞台に立つようになった。五代目の歌舞伎座の主役となるのは、この世代である。

新しい歌舞伎座の主役となる海老蔵世代

二〇一〇年四月の歌舞伎座最後の公演の翌五月、新橋演舞場で、染五郎、海老蔵、松緑、勘太郎、七之助を中心とした三〇代、四〇代の役者による花形歌舞伎公演が行なわれ、熱狂のうちに幕を閉じた。演目は、その前月に彼らの父たちが歌舞伎座で演じたものばかりで、一ヵ月ずれではいたが、父子が同じ役で競演することになり、役によっては、父を凌いだのだ。

同じ五月、大阪松竹座では團菊祭（九代目團十郎と五代目菊五郎を顕彰する興行）で、菊之助が大役を演じ、こちらもその将来に期待を抱かせた。

市川猿之助は、十六ヵ月にわたる歌舞伎座さよなら公演には一度も出演せず、大阪、京都、博多、金毘羅で座頭公演を連続して成功させ、異端児としての存在感をアピールした。

海老蔵たちに菊之助、猿之助などを加えた世代が、第五期歌舞伎座で一時代を築かなければならない世代だ。

彼らは戦後第一世代と呼ばれた十一代目團十郎たちの孫にあたる。

歌舞伎役者は男性しか継げない点では天皇家と似ているが、違うのは養子でもいい点だ。徳川時代から明治にかけては、正妻の他に妾もいたのに、実子で継承している家はほとんどなく、養子が多かった。現在、ほとんどの家が、実子で三代も四代も続いているが、これは奇跡に近い。

現在の花形世代の中心にして頂点に立つのが、市川海老蔵である。

徳川政権時代から「たとえ若年であっても座頭になるのは市川團十郎」というのが、芝居の世界のルールだった。とはいえ、実力が伴わなければ、團十郎家に生まれても、その名は継げない。海老蔵はその團十郎家の御曹司として生まれ、スキャンダルはあるものの、天性の容姿と演技センスで、同世代のトップに躍り出た。家の芸である「歌舞伎十八番」の継承と復活にも努力し、さらには色悪ものにも挑戦している。将来の團十郎として、誰も反対しない。

海老蔵の相手役でもありライバルにもなるのが、尾上菊之助だ。彼もまた菊五郎家の御曹司として生まれ、母（女優富司純子）からも受け継いだ美貌で女形としても同世代の追随を許さず、弁天小僧などの家の芸にも挑戦している。

海老蔵、菊之助は、これから十年以内には、それぞれ團十郎と菊五郎を襲名するはずだ。一世紀後には、「二一世紀前半は團菊の時代だった」と振り返られるだろう。

新しい歌舞伎座で芸を完成させる重鎮

海老蔵、菊之助の父の世代にあたるのが、いま六〇代から七〇代となる大幹部役者——尾上菊五郎、松本白鸚、中村吉右衛門、片岡仁左衛門たちである。第五期歌舞伎座で、役者人生の総仕上げをすることになる。本来なら市川團十郎、中村勘三郎、坂東三津五郎もこのなかにいた。

別格が坂東玉三郎だ。

料亭経営者の子として生まれ、旧江戸三座のひとつ守田座の座主の家である守田勘彌家の養子となった。養父の十四代目勘彌は芸の力はあったが、人間関係があまり得意ではなく劇界では出世できなかった。玉三郎は、その不遇な地位から、天性の美貌と抜群の演技力、そして絶大な観客の人気を得て、歌舞伎界の頂点に達した。玉三郎のブレイクは一九七〇年前後で、この頃から、関西出身であるため、東京では不遇だった十五代目片岡仁左衛門（当時、孝夫）とコンビを組み、大ブームを起こした。

美貌が売り物である玉三郎も、すでに六〇代となり、体力を使う舞踊については、一部の演目をもう演じないと宣言している。玉三郎の公演は、ひとつひとつが、もう二度と見ることができないかもしれない、かけがえのないものとなりつつある。

その一座のトップを座頭というが、歌舞伎では基本的に男性の役（立役）の役者がその座に就く。女形が座頭となることは、まずない。女形でありながら、座頭となったのは、五代目歌右衛門が最初だった。一方で女形のトップは立女形といった。

現在、歌舞伎座の立女形と呼ばれるのは、玉三郎である。その前は、六代目歌右衛門が実質的にその地位にあった。その歌右衛門と人気・実力で伯仲していたのが、七代目尾上梅幸だった。歌右衛門・梅幸時代が終り、玉三郎が歌舞伎座の立女形となっていたわけだ。

玉三郎のすぐ下の女形は、中村時蔵と中村雀右衛門だが、歌舞伎座の立女形という立場にはなりそうもない。その次が中村福助、中村扇雀である。福助は歌右衛門襲名の予定だったが、病に倒れた。むしろ、その下の菊之助、市川猿之助のほうが華もあるし、意欲もある。だが、このふたりは女形に専念する気はないようで、立役にも意欲的だ。その下に、七之助がいる。

ポスト玉三郎候補は、何人もいるようでいて、誰もが決め手に欠け、歌舞伎の将来に不安を残している。今後の十年で、誰が新しい歌舞伎座の立女形のポジションに就くかの競争が始まっている。

現在の大幹部（菊五郎、吉右衛門など）と海老蔵世代の間、五十代の役者は、勘三郎と三津五郎を喪い、福助も舞台に出ていないので、一気に世代としての見通しがなくなった。

橋之助が中村芝翫、翫雀が中村雁治郎、芝雀が中村雀右衛門を襲名したが、前途は多難である。

彼らは若い頃は上の世代が独占していたため、あまり歌舞伎座に出ることができなかったので、勘三郎と三津五郎が松竹と掛け合い、当時は歌舞伎公演をしていなかった八月を若手のための納涼歌舞伎としてもらい、大役を勤めて成長していった。

勘三郎は、その他に渋谷のシアターコクーンでの歌舞伎公演、さらには徳川時代の芝居小屋を模した仮設式劇場「平成中村座」を立ち上げた。

歌舞伎公演の場所を開拓しただけでなく、野田秀樹、串田和美ら小劇場系の劇作家・演出家と組み、新作や古典の新演出にも挑んだ。歌舞伎を伝統芸能として博物館の中に陳列してしまうのではなく、現代に生きる演劇として捉え直し、若い観客からの絶大な支持を得た。当初は歌舞伎座の外、あるいは歌舞伎座でも若手に開放された月だけの試みだったが、やがては歌舞伎座の本興行においても上演されるまでになった。

その一部を勘九郎、七之助は継いでいるが、ともかく、勘三郎と三津五郎の早すぎる死は、この世代のみならず歌舞伎界全体にとって、あまりにも大きな喪失だった。


第五期歌舞伎座は、大きな不幸とともに始まった。その後、海老蔵世代の奮闘で話題性はあるが、危機の時代に突入しているのかもしれない。

しかし、「歌舞伎の危機」は明治以来、何度となく言われたことであり、そのつど、救世主が現れ、歌舞伎はすたれずにきた。

やがて顕在化する次の「歌舞伎の危機」を打開してくれる救世主は、すでに舞台のどこかに立ち、その時を待っているはずだ。それが誰なのかを発見し、あるいは予想するのも、歌舞伎見物の楽しみのひとつとなる。

［著者略歴］
中川右介（なかがわ・ゆうすけ）
作家、編集者。1960年東京都生まれ。早稲田大学第二文学部卒業。出版社勤務の後、アルファベータを設立し、代表取締役編集長として雑誌『クラシックジャーナル』、音楽家・文学者の評伝や写真集の編集・出版を手掛ける（2014年まで）。その一方で、作家としても活躍。クラシック音楽への造詣の深さはもとより、歌舞伎、映画、歌謡曲、漫画などにも精通。膨大な資料から埋もれていた史実を掘り起こし、歴史に新しい光を当てる執筆スタイルで人気を博している。主な著書に『カラヤンとフルトヴェングラー』『歌舞伎 家と血と藝』『江戸川乱歩と横溝正史』など。

海老蔵《えびぞう》を見る、歌舞伎《かぶき》を見る
印刷　2018年1月15日
発行　2018年1月30日

著　者　中川右介《なかがわゆうすけ》

発行人　黒川昭良

発行所　毎日新聞出版
〒102-0074
東京都千代田区九段南1-6-17 千代田会館5F
営業本部　03-6265-6941
図書第一編集部　03-6265-6745

印刷・製本　図書印刷
ブックデザイン　横須賀 拓

ISBN978-4-620-32494-4